A Practical Guide to
Management and Assessment

子ども虐待・
子どもの安全問題
ソーシャルワーク

マネジメントとアセスメントの実践ガイド

山本恒雄　Tsuneo Yamamoto　　　明石書店

まえがき

　本書で述べられていることがらは、これが書かれた時点での私の見解であり、今後、多くの人によって検討され、さらに修正・改訂されていくべき素材である。私自身にとって、ここで述べていることは、多くの人々とのやり取りを通じて与えられ、気づかされてきた経験と検討に基づいているが、つまるところ、それはある時点での経過報告のまとめに過ぎず、結論ではない。誰かが、これから子ども家庭福祉の現場で仕事を進めていく時、ここで書いたことが、ひとつの参照枠、ヒント、素材、出発点として、資するところがあれば幸いである。

　ケースワークと呼ばれ、またソーシャルワークと呼ばれてきた複雑な対人援助の実践において、蓄積されてきた知識や経験は、いかに大規模で多様な経験に基づいているとしても、またいかに稀有な経験と精緻な検討、優れた智慧の蓄積に基づいているとしても、それは常に、今、目の前の新しい事例によって、あらためて発見され、吟味され、更新されるべきことがらである。現場実践においては、常に注意深く、複数の観点から吟味された明確な根拠と認識を持ちつつ、かつ、反証可能性に対しても開かれた視野と覚悟を維持しな

がら、検証とさらなる作り込みを続けることが欠かせない。人の営みは常に固有の揺らぎと不測の必然という偶然性を伴い、流動・変遷を繰り返している。対人援助の仕事は、まさにその渦中に身を置く営みのひとつである。

山本恒雄

*目次

まえがき　3

第1章
相談現場から考える
「児童虐待」

1-1 日本における児童虐待の定義　11

1-2 国際的な "Child Abuse and Neglect" の定義　11

1-3 国際的なもう一つの呼称 "Child Maltreatment"
について　12

1-4 日本の「児童虐待」という呼称　13

1-5 児童虐待と臨床実態──行政分類上の違い　16

1-6 臨床現場における「児童虐待」とは、
子どもの安全問題である　19

1-7 児童虐待通告を行う三つの要件　21

1-8 児童虐待通告の本来的な機能　24

別項1　日本と海外における子ども虐待の定義と法的アプローチの違い　27

別項2　アメリカとの比較から考える日本の通告制度の現状と課題　30

別項3　子どもの一時保護における司法関与の課題　33

第2章
支援型ケースワークと
介入型ソーシャルワーク

2-1 日本の児童福祉における二つの専門性
　　──「介入的」と「支援的」 37

2-2 支援型ケースワーク 39

2-3 介入型ソーシャルワーク 43

2-4 介入型ソーシャルワーク導入の衝撃と意味 49

第3章
介入型ソーシャルワークの基本

3-1 介入型ソーシャルワーク登場の経緯 57

3-2 介入型ソーシャルワークにおける二つのアプローチ 61

3-3 診断分析型アプローチ (リスクダウン・アプローチ) 63

3-4 解決志向型アプローチ (パワーアップ・アプローチ) 67

3-5 両アプローチのアセスメント──共通の基本手順 70

3-6 ストレングスの評価とリスクダウン・アプローチ 77

3-7 アセスメント・チェック 93

3-8 介入型ソーシャルワークにおける支援の段階設定 107

3-9 初動時点およびその後の対応中の
　　クライシス・マネジメント 113

3-10 マネジメント、アセスメント作業を軸とした
　　　対応過程の見える (チャート) 化 115

第4章
通告と調査の手順

4-1 初動7項目——通告受理直後の手順① 131

4-2 通告の守秘——通告受理直後の手順② 139

4-3 家庭訪問による安全確認——通告受理直後の手順③ 144

4-4 フィードバックと対応のシステム化 146

4-5 初期リスクダウンアプローチから支援までの
アセスメント基礎調査—— 5項目調査の提案 149

第5章
リスク・マネジメントと
ロバストな対応体制の構築

5-1 アセスメントシートの課題 173

5-2 リスク・マネジメントのポイント 176

5-3 リスク評価と一時保護
——行政権限による親権制限について 180

5-4 子どもの安全問題とロバストな体制整備の在りかた 186

5-5 ロバストな体制整備の当面の課題 190

5-6 ロバストネスを確保するための当面の課題 194

第6章
デジタルテクノロジーの導入と活用

6-1 省力化とその課題　201

6-2 情報共有の利便性　210

6-3 データ分析と人間　212

6-4 あるべき姿に向けて　216

あとがき　221

＊本文中の図表は、断りのない限り筆者作成による。

第 1 章

相談現場から考える「児童虐待」

1-1
日本における
児童虐待の定義

　日本の「児童虐待の防止に関する法律」の「児童虐待」とは、保護者が子どもの養育において、子どもの安全・安心のニーズ、子どもの最善の利益の保証を柱とする子どもの福祉を守れず、ひいては子どもの心身の健全育成の達成が脅かされるような状況に子どもが置かれることを指す。具体的には身体的虐待、性的虐待　ネグレクト、心理的虐待がそれに当たる問題とされ、いずれも親権者・保護者、監護責任者による不適切な養育行為の問題とされている。

1-2
国際的な
"Child Abuse and Neglect" の
定義

　2020年代の現在、「児童虐待」の国際的な共通定義は "Child Abuse and Neglect" である。国際学会の機関誌も 同名の表題を持つ。"Child Abuse" は、子どもに対して優位な立場にある養育者・親権者、あるいは年長者が、その力や権限を乱用し、不適切で支配的な暴力を行使することにより、子どもの心身の安全・安心のニーズが脅かされることを指す。これに対して "Child Neglect" は、積

極的、消極的、あるいは具体的な意図が無い場合も含め、直接的な暴力による加害ではないものの、子どもの安全・安心にとって必要な配慮・世話が不足し、あるいは責任ある年長者が子どもの世話を怠ることにより、結果的に子どもの心身の安全・安心のニーズが脅かされることを指す。

この総称の下に、具体的な事象として、例えば、身体的虐待、性的虐待、ネグレクト、心理的（情緒的）虐待 といった、分類が挙げられる。

さて、ここで、総称と具体的な下位分類といった次元が異なる階層で同じ "Abuse" や "Neglect" という言葉が使われていることに注意が必要である。また、具体的な事象の分類は、その事象の内容や特徴を事務的に代表識別するためであり、実際は、複雑に重なり合って発生する。また、その事態において、子どもの安全を守る責任を第一に問われるのは子どもの主たる保護者・養育者であるが、子どもの安全を脅かす侵害行為を行う者は必ずしも保護者・養育者に限定されない。例えば子どもへの性暴力では、子どもに接触できる様々な人物が子どもの生活環境内で加害を行う実態がある。

1-3
国際的なもう一つの呼称 "Child Maltreatment" について

"Child Abuse and Neglect" は、英語圏では、同義語として "(Child)

Maltreatment" とも呼ばれてきた。「うまくいっていない育児」、「不適切な養育」である。ただし、"Maltreatment" という言葉は、話し言葉の世界では、"Child Abuse" や "Child Neglect" という言葉が、露骨過ぎると思われた場合、それを和らげる表現としても使われる。また、"Abuse" という短絡的に加害行為をイメージさせる言葉より、より広範囲なケアの問題を表すべきとの考えから、"身体虐待：Physical Abuse" を "Physical Maltreatment" と呼ぶことを提唱する動きもみられてきた。これら会話上の言い換えと、概念上の言い換え、そして "Child Abuse and Neglect" の総称としての使用は、その場その場の文脈で任意に行なわれてきた。さらに最近では、公式・行政的な呼称として、"(Child) Maltreatment" のさらなる上位概念として "Child Safety" が見出し語として使われるようになってきている。

1-4
日本の「児童虐待」という呼称

　日本では、"Child Abuse and Neglect" に関する法律を制定する際、"Child Abuse" に当たる「児童虐待」を総称にも採用して、「児童虐待の防止に関する法律」とした。

　この「児童虐待」という呼称は、身体虐待に注目した古典的な総称でもあったが、現在の一般的総称である "Child Abuse and Neglect" の "Child Neglect" まで を含め、総称としては、"Child Mal-treatment" と呼んでいるところを あえて、"Child Abuse" としており、総称が示す対象領域が正確には示されていないことになった。さらに "児童虐待" という名称は、この法律が本来目指す "Child Safety"：子どもにとっての第一の重要事『子どもの心身の安全・安心のニーズの保障』を表すより、養育における子どもへの加害行為、とりわけ深刻な身体暴力による加害を強調することになり、「子ども虐待≒子どもへの親からの身体的暴力行為」というイメージが強調されることとなった。相次ぐ虐待死事件の報道にもあおられ、福祉行政においても、安全確認と緊急保護の権限強化、民事不介入の伝統に抗した警察権の行使、刑事捜査上の仕組みをモデルにした、親権や家庭養育への介入の制度化が進められてきた。

　もちろん、こうした体制整備によって救われた子どもの命があるに違いない。子ども養育の機能不全に陥った家庭が、福祉機関の積極的な介入と地域社会の支援によって改善に向かった事例も少なくないだろう。しかしまた、この "Child Abuse and Neglect" を「児童虐待」と呼び、「子どもへの加害行為の根絶」を強調してきた影響は別の視点からも見直す必要がある。

　様々な養育上のつまづき、親子関係の不調を「児童虐待」と呼ぶことで、世間では、親子関係の不調について、その修復・回復への、時間をかけた地域ぐるみの粘り強い取り組みを定着させることよりも、危険な状態からのとりあえずの子どもの救出・保護が強調されることとなった。結果的に何らかの子どもの安全についての心配事に出会った人たちは皆、その状態からどういう支援が可能かを考え

るより、子どもの危機的状況について、「どこから虐待に当たるのか」「どこから"保護者の加害性、犯罪的な責任"が問われるのか」という疑念に注目するようになった。この疑念は、子どもの安全についての心配が「児童虐待」に当たるなら、子どもを危険な家庭から直ちに保護しなければならない、という反射的な反応を起こす。

こうした強い感情的・直感的な構えは、社会的に、二つの防衛的な反応を生みだす。一つは、親子関係の不調によって生じた子どもの安全についての心配について、「現状が子どもへの犯罪行為・加害行為として、よほど、明らかでない限り、公的・社会的な介入や支援を発動させるような大ごとにはしないで、そっとしておくべきではないか」という反応である。もう一つは些細な子どもの安全についての疑念、親子不調の兆候にも、直ちに、「犯罪的・暴力的な加害問題が潜在している危険性」を危惧し、強権により、速やかに家庭生活における子どもの安全問題を詳細に探索し、暴き出すべきだ という反応で、いったん「虐待あり」とされた家庭からは、子どもは引き離されて守られることが重要で、安易に子どもを問題ある親元に返すな、という反応である。

この二つの反応は、地域で、親子関係に何らかの不調が感じられる事例が見つかった場合、それをプライバシーの枠内での当事者責任に委ねてそっとしておくか（結果的にこれは虐待通告を難しくするハードルとなる）、あるいは、常に犯罪としての事件性を疑い、厳しく追及するか（あらゆる虐待を些細なことでも撲滅すべきという過剰な反応）、という二者択一を人々に迫ることになる。この両極端な反応は実は一つの軸でつながっており、親子の不調に関する問題をすべ

て、結果的には「虐待」という、人の道に外れた、とんでもない事態として想像することにつながっていく。仮に、今はそっとしておくとしても、どこかでは、いつか事件となるようなリスクに備える警戒を生じさせる。いずれもが、結果的には地域社会が親子不調に対して緊張に満ちた、秘密の、何かよくないこと、明るみに出たら問題になること、何かまずいことをしているかもしれない人がいるという態度で臨むことになり、養育不調に陥った当事者は、暗黙にしろ、あからさまにしろ、周囲からの否定的な気配を感じて、回避的、閉鎖的になり、他者からの働きかけを拒否し、やがてそこから当事者と周囲の人々相互の悪循環が生じる。こうした反応は現在の日本社会で頻繁に生じているとみなければならない。

1-5
児童虐待と臨床実態
——行政分類上の違い

　日本の「児童虐待防止に関する法律」第二条に挙げられた四つの虐待種別は、いわば、行政的・事務的な分類で、現場の臨床実態とは必ずしも一致しない。概要を**図表 1-1** に示す。

　法律や行政的な書類上の区分として分類された虐待種別ごとの状況は、現実の事例では、ほとんど常に重複して生じている。最も広く認められるのが、心理的ダメージであり、虐待種別としては心理的虐待になるのだが、ほとんどすべての不適切養育において、心理

図表 1-1　児童虐待の行政的分類と臨床実態の構成図
　　　　　Child Abuse と Neglect の区分

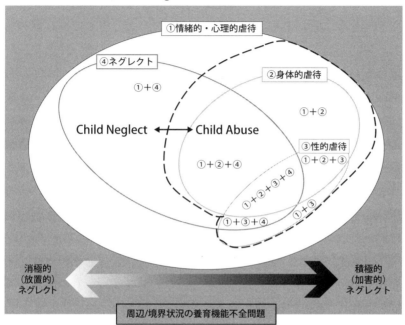

＊行政上の分類①〜④は、養育機能不全を背景にして、臨床上では重なり合っている。
＊ Child Neglect と Child Abuse は、破線を境に領域が分かれる。

的ダメージは必ず発生している。

　心理的虐待には二つの特徴がある。一つは、加害的・攻撃的で、意図的なこと（暴言や恫喝、威圧・脅迫的な言動、意図的な侮辱・差別的な対応など）であり、これから、二つめの放置・無関心や、無意識的な行為によること（気づかないままの無視、忘れられた発言や約束、冷淡な態度や的外れな関わりなど）まで、その幅は広く、内容が多彩である。

もう一つの特徴は、その侵害、ダメージ発生の境界と深度が主観的な事象であり、あいまいで、とらえにくいことである。いじめやハラスメントにも共通するその場の見た目だけではとらえきれない内容や展開が起こる。これらは、一つの事象においても、経過的な事象においても複雑に推移・変遷していく。

　ある一つの夜間放置の事件が通告されたとして、それは行政事務分類上は、おそらく単発の「ネグレクト事例」なのだが、安全確認の初期調査かそれ以降の経過の中では、さらに身体的虐待や性的虐待が潜在していたことが発見されるかもしれない。そして、どのような事態であったとしても、それに伴う心理的ダメージが（実は心身におけるダメージであることが多いが）必ず、調査され、評価されなければならない。

　これらの事象の理解を前提として、もう一度**図表 1-1** を見ると、まず、身体的虐待、性的虐待、意図的な加害性の強い心理的虐待を含む領域が "Child Abuse" と呼ぶべき領域となる。そして、それらの兆候が一定の探索の結果、確認されないか、実際にそうした事象が関与していないと確認される領域、すなわち消去法的に、放置的な心理的虐待の領域と、身体・性的な暴力が認められないネグレクトの領域が "Child Neglect" と呼ばれる領域である。子どもの安全確認と保護、家庭およびそれに代わる養育と子どもの回復支援に携わる実務担当者は、この理解に立って、目の前の事例にあたることが必須となる。

1-6
臨床現場における
「児童虐待」とは、
子どもの安全問題である

　児童虐待は「虐」という言葉が示す加害性に焦点があるのではない。子どもの安全・安心の保証、子どもの最善の利益の保証と健全育成を達成するための子どもの養育が、適切に機能していない場合の、要支援・要保護の対応に焦点が置かれるべき課題である。そのために、子どもの養育に関わる親権者、保護者、養育者、支援者、関係者はすべて、子どもの養育における子どもの安全・安心に何らかの問題を感じたら、地域の責任機関に調査と支援のための評価と判断を求め、適切・確実な支援を要請するため、「通告」することが求められる。通告者は子どもに起こった問題が「虐待」によることかどうかを確認する義務も権限も実は無い。

　厚生労働省「子ども虐待対応の手引き（平成25年8月改正版）」p.36によれば、通告の対象となる子どもについて、以下のように記載されている。

　（1）通告の対象となる子ども
　子ども虐待の早期発見を図るためには、広く通告が行われることが望ましい。平成16年の児童虐待防止法改正法により、通告の対象が「児童虐待を受けた児童」から「児童虐待を受け

たと思われる児童」に拡大されており、これにより必ずしも虐待の事実が明らかでなくても、子どもに関わる専門家によって子どもの安全・安心が疑われると思われる場合はもちろんのこと、一般の人の目から見て主観的に子どもの安全・安心が疑われる場合であれば、通告義務が生じる。

　なお、通告については、児童虐待防止法の趣旨に基づくものであれば、それが結果として誤りであったとしても、そのことによって刑事上、民事上の責任を問われることは基本的にないものと考えられる。

　要点は「子どもの安全・安心が疑われる場合」なのであって、「虐待」の有無や何があったのかの事実は明らかでなくともよく、そもそも「虐待を受けたと思われる」ような「疑われる虐待」の確認は通告者には求められていない。この矛盾したメッセージが子どもの安全問題通告のハードルを高くしてきたことは間違いなく、日本の子どもの安全への社会全体の取り組みにおいて重大な障害となってきたことを検討すべきである。つづめていうなれば、子どもの安全が脅かされている事態に気づいた者は誰であれ、また子どもの安全の問題がどんなことであれ（病気のせいか、環境のせいか不適切な養育のせいかにかかわらず）具合の悪い子どもを発見したら決して放っておくなという基本が見えづらくなっていることが問題なのである。

1-7
児童虐待通告を行う
三つの要件

　この点を踏まえて、子ども虐待の通告要件を整理すると以下の3点になる。

●子ども虐待通告の要件

　以下の三つの要件のうち、いずれか一つかそれ以上の該当があれば、通告義務が生じる。

（1）子どもの安全が脅かされている

　子どもの身に何らかの危険が発生している疑い、あるいは子どもの心身の安全、健全育成が保証されていないおそれがあることを疑わせる、何らかの兆候や事象に気づいたら、発見者には通告義務が生じる。

　安全問題の程度の軽重については、問題への遭遇状況にもよるが、たまたま接触・発見した兆候だけで、事態の全容や前後の経過を判断することは難しく、またほとんどの発見者は自身でその問題を追及・探索する権限や義務を有するわけではないので、まず、法的に権限と責任がある公的機関に速やかに通告・通報することが優先する。

もちろん、可能な範囲で子どもの安全を守るための具体的な行動をとり、保護者や周囲の人の協力を得て子どもの安全を図るように努力することが望ましいが、権限に基づく専門性を持たず、自他の安全について十分な保証が得られない状況では、できる範囲内で子どもの安全を確保し、確実に通告・通報することが重要となる。

　通告は、直接の目撃によるか、伝聞によるか、推測によるか、いずれにしろ、分かる範囲内での兆候をそのまま知らせることが基本である。

（2）保護者、養育者のもとで子どもの安全が十分には守られていない

子どもの状態からみて、養育者のもとで保障されるべき子どもの安全・安心のニーズが十分に保障されていない兆候があるとき、児童福祉法第二条に基づけば、国・地方公共団体は保護者と共に、子どもの福祉を守る責任を負うことが明記されており、何らかの支援ニーズが子どもとその養育者に発生している可能性を知らせる意味での通告義務が生じる。

　もちろん、問題に気づいた人が、子どもの養育者と直接のコミュニケーションをとれる状況にあり、子どもの安全やそれに気づいた人の安全が保障されるなら、まず、養育者とコミュニケーションをとって、必要な支援を提供することが望ましい。通告は、至らない保護者を責めるために行われるのではなく、子どもの安全を確保し、不調に陥った養育を放置せず、確実に支援を届けることが第一の趣旨である。

　ただし、子どもの権利条約、児童虐待の防止に関する法によれば、

もしも親権者、保護者の養育状況や、具体的な行為が、子どもの福祉に反するか、子どもの心身の安全を脅かすおそれがある場合には、親権者・保護者の抵抗を排除してでも、子どもの安全を守る責任が国・地方公共団体にはあり、現下の日本の法規定によれば、主たるその責任と権限は調査保護をはじめとする一時保護の判断・実施権限、立ち入り調査や出頭命令、臨検捜索の裁判所への申し立てと実施を担当する権限を持つ児童相談所にある。

(3) 任意に確実に子どもの安全を確保し、その後も客観的に子どもの安全・安心な状態を確認していく手立てが確保されていないか、その保証が十分でない

もしも近隣・親族の緊密な関係が地域にあり、その中で子どもの安全と適切な養育環境の維持が可能であれば、それは望ましいことである。ただし、現在の日本の多くの地域で、それは困難となっている。家屋の状況やプライバシーの尊重からみても、私的な関係性だけでの個人生活への継続した関与・統制には限界があり、かつ、不当な権利侵害・干渉になってしまう危険性すらある。

こうした状況に対して、法的に規定され、権限と義務責任を負う公的機関の行政サービスとしての対応が必要となるということから、通告に基づく公的な対応が求められる。

もちろん、こうした対応経過の中で、可能な限り、近隣知人・親族等が親子不調に陥った家族を支援し、その養育改善と子どもの安全・安心の保証、健全育成の達成を見守り続けることは重要である。ただし、あくまでも、それは任意の個人のプライバシーの権利の範

囲内であり、それ以上に当事者の意に反しても、個人の領域に深く入り込んで、家庭生活における養育の問題や親子関係を調査・評価し、子どもの安全を確認することは、特定の法的な権限と明確な責任のもとで行われる必要がある。そのために通告義務があり、通告受理責任機関による安全確認から始まる対応体制が法定化されている。

　日本に先行して対応制度を構築してきた欧米では、子どもの不適切養育に関しては、家庭裁判所や検察官事務所など、司法機関の判断・手続き、管理下での初期対応が法定化されているが、日本では限定的な承認申請手続き以外、司法機関による審判、管理下における法定化された調査・審判の手続きは設定されておらず、もっぱら福祉機関の専門的判断を主軸とした任意性による対応が制度化されてきている。

1-8
児童虐待通告の
本来的な機能

　児童虐待通告は本来、虐待の事実をもって通告・通報されるのではなく、子どもの安全に何らかの心配があり、その養育環境では子どもの安全・安心を十分に守りきれない状態にあるかもしれない子どもとその養育者について、法的責任と権限の下で、諸般の状況を把握し、必要な支援を確実に届けることに主たる目的がある。

もとより、深刻な状況に対しては、強権を発動し、最悪の事態に対処しなければならず、その手順では警察・検察が主軸になって初動を扱うべき領域が含まれる。ただし、その必要対象数は、課題全体の中では一部分であるとみられる。問題は、そうした事態の発生頻度が低く、発生確率の解析による予測が困難で、未然防止が難しいことである。もしも深刻な初期状態や予兆を感知したら、反射的に安全確認と調査保護の判断を行い、事態の悪化を食い止められるかが現実的な対応の限界であり、その体制整備は日本の重要課題の一つである。

　これに比べて、より効果的な支援を見極め、問題改善のために養育関係者にその協同を促すための介入的な調査と評価を行い、状況の改善や、親子関係修復のための支援を投入することによって、養育状況の改善が期待できる養育不調・親子不調問題は、先の深刻な問題より、はるかに多数あると見込まれ、それは児童福祉と家庭裁判所が主軸になって多機関の連携により対応すべき領域である。ただし、この領域の課題において、子どもの親権者・養育者は、子どもの安全・安心を守り、健全育成を達成する第一義的責任を、しばしば何らかの理由で十分には果たせていない可能性が高く、その共同責任者である国・地方公共団体は必要に応じて介入的な権限による調査と評価を、要保護児童対策地域協議会と共に行う責任がある。

　その外側には、いわゆる養育責任がすぐに問われるような不適切養育には当たらないが、何らかの有効な支援、地域のサポートが届いていない、あるいはそうしたサービスを十分には活用できていない多くの要支援とされる養育問題群があるとみられる。

アメリカ合衆国の児童虐待・不適切養育に関する通告からの対応に関する年次統計[1]を見ると、虐待とネグレクトに当たるとされた不適切養育問題群に対して、およそ、その3倍近くの、要支援事例が発見され、支援投入されている状況が報告されている。残念ながら、日本の児童福祉行政報告では、児童虐待に絞り込みをかける傾向が強く、通告事例が虐待認定されなかった場合の、他の支援の投入状況を示す統計が設定されていない。通告はもっぱら深刻な児童虐待を発見するためだけに設定されているかのようだが、現実はより軽微だが、何らかの支援を要する多数の事例が存在しており、それらの事例をその状態から悪化させないようにサポートすることが、重要な児童福祉領域の課題であり、それは本来の子どもの安全に関する通告対応の課題である。

　このように、児童虐待問題は、子どもの安全問題として理解することが重要であり、その対応は、警察・検察、刑事裁判所が刑事事件対応を軸に扱うべき領域と、児童相談所・市区町村福祉、家庭裁判所が、児童福祉法・児童虐待防止法等を軸に対応すべき領域が並行して組み合わさっており、互いの協同、組み合わせが重要な課題である。児童虐待防止法はこの点では、未完成な状態にある。

---

1)　https://www.acf.hhs.gov/cb/data-research/child-maltreatment

別項1 日本と海外における子ども虐待の定義と法的アプローチの違い

　国際的な流れを見ると、現代の "Child Abuse" は、子どもへの身体暴力や、性的搾取、児童労働などによる深刻な権利侵害を発見・確認することから始まった。その力点は、暴力をふるう加害者の訴追と被害児の保護という刑事的な対応から、正当な権利を侵害された子どもの安全・安心の確保と福祉の回復という、福祉的な対応へと重点移動し、さらにはそれらの未然防止の取り組みへと進展してきた。また、子どもの福祉の侵害者は、保護者・養育者には限定されない考え方が基本となっている。

　1980年代、"Child Abuse" に並行して、"Child Maltreatment" という呼称が提案され、直接的・具体的な暴力による加害問題に限定せず、よりエコロジカルな視点から「子どもの福祉を損なう様々な行為や環境状況全般」を視野に入れる考え方が提示された（Belsky 1980 Scannapieco, Connell-Carrik, 2005）[1]。身体的虐待："Child Physical Abuse" は、"Child Physical Maltreatment" とも呼ばれ、情緒的（心理的）虐待："Child Emotional Abuse" は、"Child Emotional Maltreatment" とも言い換えられるようになった。

　他方、"Child Neglect" や "Child Sexual Abuse" は、"Maltreatment" への言い換えよりも、その内容として、例えば、"Child Neglect"

---

1)　Belsky. J.（1980）Child Maltreatment An Ecological Integration. American Psychologist 35（4）320-335
　　Scannapieco, M., Connell-Carrik,K.（2005）Understanding Child Maltreatment. An Ecological and Developmental Perspective. Oxford University Press. 3-43 https://doi.org/10.1093/acprof:oso/9780195156782.003.0001

では、保護者の不在（監護不足・不注意）状況下での事故によるケガや死亡事件も"予防可能な子どもの安全問題"として保護責任者の"Neglect"として扱われるとか、"Child Sexual Abuse"では、養育者に限らず、子どもに接触できる人物からの性暴力が少なくないことから、広く、年長者からの子どもへの性暴力全体を、"Child Sexual Abuse"として扱うとされてきた。

これらの呼称や定義の変遷は、その実態や課題についての、多様な調査と検証を踏まえて進んできているが、とりわけ、問題の責任の所在を子どもの保護者・養育責任者に限定せず、子どもにとっての権利侵害に重点を置き、そのことに責任のあるすべての人物（自身の行為に判断責任のある15歳以上の人物も含む）を対象としてきたことに特徴がある。これは現在の日本の法的な虐待の規定と異なっている。

日本ではこれらの議論があまり重視されてこなかったようにみえるが、厚生省児童家庭局（1999）「子ども虐待対応の手引き」p.22では、チャイルド・マルトリートメントについての定義が以下のように紹介されている。

「①18歳未満の子どもに対する、②大人、あるいは行為の適否に関する判断の可能な年齢の子ども（おおよそ15歳以上）による、③身体的暴力、不当な扱い、明らかに不適切な養育、事故防止への配慮の欠如、ことばによる脅かし、性的行為の強要などによって、⑤明らかに危険が予測されたり、子どもが苦痛を受けたり、明らかな心身の問題が生じている状態」

なお、この説明は以下の調査研究からの要約となっている。

・高橋重宏他（1993）「子どもへの不適切な関わり（マルトリートメント）」のアセスメント基準とその社会的対応に関する研究（2） 日本子ども家庭総合研究所紀要 第 32 集 87-106

児童虐待定義の歴史的経過については以下も参照。
・日本子ども家庭総合研究所編（2001）「厚生省 子ども虐待対応の手引き 平成 12 年 11 月改定版」 有斐閣 15-16
・花田裕子、永江誠治、山崎真紀子、大石和代（2007）「児童虐待の歴史的背景と定義」 保健学研究 19（2）:1-6
・Encyclopedia.com. Child Abuse-A History
https://www.encyclopedia.com/reference/encyclopedias-almanacs-transcripts-and-maps/child-abuse-history
・Sage Publications History and Definitions of Child Maltreatment.
https://uk.sagepub.com/sites/default/files/upm-assets/47853_book_item_47853.pdf

別項2 アメリカとの比較から考える日本の通告制度の現状と課題

　日本の一般市民における「児童虐待を疑うような問題」への遭遇率は、任意の調査しかなく、疫学的なデータではないが、およそ10％から15％程度と報告されている（兵庫県調査 2013[1]、東京都調査 2017[2]、2018[3]）。また、結果的に公的な通告に至った事例は、事案遭遇者のおよそ20％から30％台（2018年の東京都調査では40％台）であることが報告されている。

　つまり、何らかの子どもの心配な状態に気づく一般市民は概ね10〜15％程度で、そのうち通告までに至るのは、遭遇者の20〜40％、元の全市民を母集団とすると、その4〜6％となる。また、何らかの子どもの心配な状態が気づかれた事案のおよそ60％は通告されていない（全市民を母集団とすると6〜9％は通告には至らない）ということになる。

　この数字が何を意味しているか、ひとつの重要な手掛かりが、厚生労働省の死亡事例検証報告にあると考えられる。右ページ図はこ

---

1)　兵庫県（2013）平成25年度 児童虐待防止に関する県民意識調査 結果報告書 https://web.pref.hyogo.lg.jp/kf12/documents/jidougyakutai.pdf、https://web.pref.hyogo.lg.jp/kf12/documents/saishuhoukokusho.pdf

2)　毎日新聞（2017）〈児童虐待〉「実際に見聞き」通告わずか3割台　都調査 2017年4月5日（火）9時40分配信 http://headlines.yahoo.co.jp/hl?a=20160405-00000026-mai-soci
東京都（2021）インターネット福祉保健モニターアンケート結果「児童虐待」について　報道発表資料 2021年10月27日　福祉保健局 https://www.metro.tokyo.lg.jp/tosei/hodohappyo/press/2021/10/27/05.html

3)　東京都（2018）インターネット福祉保健モニター 第2回アンケート結果「児童虐待」について　報道発表資料 2018年03月27日　福祉保健局 https://www.metro.tokyo.lg.jp/tosei/hodohappyo/press/2018/03/27/17.html

れまでの厚生労働省の死亡事例検証報告（児童相談所と市町村の統計値：山本が厚生労働省資料より作成）である。これを見ると、心中以外の虐待死について、事件が発生する前から児童相談所や市町村福祉が、当該事例の養育に関して何らかの情報を得ていたり、具体的な関係を持っていたりした事例は、児童相談所も、市町村も、およそ対象事例の 20～30％台を推移している。おそらくどの事例でも、最初から死亡事件に至るような可能性があるとは予想せずに関与が始まっているとすると、これが公的機関が関係機関や一般市民から、子どもの安全問題に関連する情報を得る全般的な比率を反映していると考えられる。そうなると、先の任意調査の結果はあながち、特殊な部分的状況をとらえているのではなく、日本の子どもの養育における安全問題の公的認知率をある程度、反映している可能性があると言えるかもしれない。

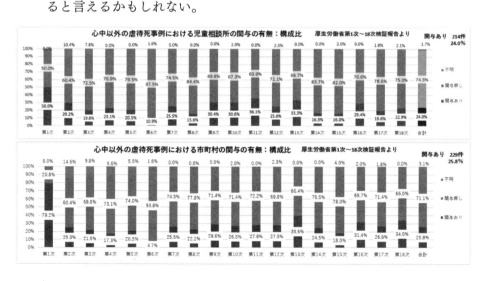

もし、そうだとすると、日本の公的行政サービスが子どもの安全問題、家庭養育における不調問題を知り得ているのは、対象事例のおよそ 20 ～ 30％台で、残りの 60 ～ 70％は、地域社会の中では何らかの形で気づかれているかもしれないが、公的なサービスには情報が届いていない潜在群となっていることを想定しなければならない。推計すると、日本の児童相談所の最近の年間の虐待相談受理件数はおよそ 20 万件なので、それが問題事例の 25％程度の認知率だとすると、潜在全体推計数は約 80 万件となる。同じく市町村の虐待相談受理件数はおよそ 16 万件なので同率 25％程度の認知率であれば元の潜在全体推計数は約 64 万件となる。児童相談所と市町村相互の重複事例率は日本の統計データでは不明だが、仮に市町村側で約 50％程度とすると、全体で 112 万件程度の推計数となる。

　通告の法制化が厳格で、特に子どもに関わる専門職には州によっては処罰規定もある厳しい通告義務責任が制度化されているアメリカ合衆国の年次報告を見ると、延べ数でおよそ 300 万件台の通告、600 万人台の子どもが通告されている。日本とアメリカの児童人口比はおよそ 1 対 2.6 程度なので、その比率を適用すると、日本では 115 万件程度の通告、延べ 230 万人程度の人数の通告があってもおかしくないということになる。いずれの数値も日本の統計とは照合基準が見えないが、通告件数だけを見ると、上記の推計値 112 万件程度という数字はあながち無意味な数字ではないかもしれない。

　おそらくこうした背景実態を想定、把握しながら今後の通告やその後の対応のあり方を考える必要があるとみるべきだろう。

別項3 子どもの一時保護における司法関与の課題

　保護者による子どもの不適切養育問題における子どもの保護について、日本も批准して国内法となっている子どもの権利条約第9条では以下のように規定されている。

子どもの権利条約 第9条

（外務省 HP より https://www.mofa.go.jp/mofaj/gaiko/jido/zenbun.html）

　　1　締約国は、児童がその父母の意思に反してその父母から分離されないことを確保する。ただし、権限のある当局が<u>司法の審査に従うことを条件として</u>適用のある法律及び手続に従いその分離が児童の最善の利益のために必要であると決定する場合は、この限りでない。このような決定は、父母が児童を虐待し若しくは放置する場合又は父母が別居しており児童の居住地を決定しなければならない場合のような特定の場合において必要となることがある。　　　　　　　　　　　　　　　　（文中下線は山本による）

　2023年春現在、児童相談所の一時保護の実施に家庭裁判所による司法関与が設定されることが決まったとされている[1]が、法的手続きとして、時限設定のある調査権、拘束要件などはまだ未整理で、親権者の養育の適切性を検討し（欧米ではこれを民事・家庭裁判所が担当）、親権からの分離保護の適否を決めるための時限設定された最

1）　厚生労働省　一時保護開始時の司法審査等について https://www.mhlw.go.jp/content/11907000/000875093.pdf

初の調査保護なのか、いったん何が問題か調査確認された上での、子どもの福祉・権利擁護のための判断による保護なのかの区別がない。また、親権者からの即時抗告権が設定されていない（行政訴訟法での対応で権利保障は可能と説明されているが）など、今回、導入が検討されている手続きは、本来の「司法の審査：裁判所による親権と子どもの安全についての評価と審判による子どもの処遇手続き」にはなっておらず、児童相談所の申し立てに対する事務的な事後承認手続きに過ぎず、これをもって裁判所の権威と判断によって親権に対する一時保護の「司法審査」を行っているとするのは不適切である。子どもの一時保護に関する司法審査手続きはまだその検討途上にあると言わねばならない。

第**2**章

支援型ケースワークと
介入型ソーシャルワーク

2-1

日本の児童福祉における
二つの専門性
—— 「介入的」と「支援的」

　日本の児童福祉行政サービスには、現在、二つの専門性が併存する。一つは、第二次世界大戦後、厚生省、厚生労働省がその専門性を主導し、児童相談所の核心的専門性となり、市区町村福祉にも浸透してきた、主としてケースワーク、先行する海外の歴史的経過で、ケースワーク、時にソーシャル・ケースワークと呼ばれてきたような専門性である。現在も多くの児童相談所で、児童福祉司のことをケースワーカーと呼ぶ習慣があるのはこのためである。

　もう一つは、児童虐待の防止等に関する法律が制定されて以降、児童虐待通告からの初期調査と児童保護、その後の子どもへの支援や養育者への支援が児童相談所の職務として開始されてからの、親権への介入的な作業に特徴があり、従来のケースワークとは大きく異なる、「介入的な」ソーシャルワークとでも呼ぶしかない新しい専門性である。これは国際的な標準的観点では、司法の権限による手続き領域に属する専門性であり、ソーシャルワーク全体から見れば、特殊な限定的領域で、まだまだ未解決な課題を抱えている分野である。日本の児童福祉行政サービスにおける「児童虐待」への対応は、裁判所が審判によって扱う少年法のような法的手続きによらず、もっぱら児童福祉行政サービスの専門性に依拠した制度的な仕組みで対応する設定となっている。日本の裁判所は部分的に親権を

めぐって、児童福祉機関からの申し立てに応じて、それに承認を与えるかどうかの審判は行っているが、英米での裁判所による法の支配によって始められる親権審査のような活動は行っていない。

　この日本における二つの専門性を根本的に分けるのは、子どもの福祉に関する公的機関の対応開始点において、また、その後の作業過程において、親権者・養育者からの依頼と承諾・承認を大前提として作業を進めるか、子どもの権利条約批准以降の、親権とは独立に子どもの権利の保障、子どもの最善の利益の保障を責務とし、たとえ親権者・養育者からの依頼と承諾が得られなくとも、さらには親権者・養育者の反対があったとしても、子どもへの支援作業の要否・可否を独立に判断・実施し、親権者・養育者にはその告知宣告を行い、理解と協力を求めることを基本として作業を進めるか、の違いにある。

　これ以降、本書では、前者のケースワークを、「支援型ケースワーク」、後者のソーシャルワークを「介入型ソーシャルワーク」と便宜的に呼ぶことにする。

　この二つの専門性は、児童虐待の防止に関する法律施行以降、日本の児童福祉行政サービスにおいて、しばしば分かちがたく混じり合ったまま運用され、そのために多くの優秀な人材が混乱・疲弊してきた。まずこの二つの専門性の違いを明らかにし、直接的な対人支援業務における専門性の整理を行うことが必要である。

2-2
支援型ケースワーク

　第二次世界大戦後の日本の児童福祉行政サービスにおける主たる専門性は、現時点では支援型ケースワークと呼ぶべきものを柱として形成されてきた。その中核的な思想、理念、価値と倫理は国際的なケースワーク、ソーシャルワークから、その源泉をくみ取っており、歴史的にも、現在までの経過においても、児童福祉における対人援助専門性の基本となっている。厚労省作成による児童相談所執務提要、後の厚生労働省作成の児童相談所運営指針はすべて、虐待防止に関する法律が施行されるまで、この基本理念に沿って作成されてきた。

　支援型ケースワークの最も重要な点は、相談当事者の主体性・能動性の確立・強化を最重要事項とし、その権利、はたらきを保証・支援することにある。支援型ケースワークは、クライエント・センタード、後にユーザー・センタードと呼ばれてきた当事者自身の問題解決能力の確立・発揮により、相談としてもたらされた問題事態の解決・改善を図ることを目標とし、そのサポートのための専門性を核とする。

　日本の児童福祉行政サービスにおいては、まず、親、親権者・養育者からの相談依頼に基づいて相談が受理され、相談・支援活動が開始されることが基本とされた。親の相談意思の確認、相談支援を

開始することへの親の同意・承諾なしに相談活動が開始されるのは、例えば親のいない棄児とか、少年法による警察からの通告、裁判所からの送致以外、想定されていなかった

　当然、その後の相談経過においても、子どもの養育者・親権者の同意・承諾は、何を行うにしろ、ほぼ、絶対的な原則手順・手続きであり、もしも、何らかの対策・行政サービスや措置が検討されるなら、必ず担当者から保護者への説明・説得によって、保護者がそれを理解・納得し、同意・承諾を与えない限り、その提案や措置は実施されない、ということが原則であった。

　児童相談ではさらにもう一つの要素、当事者としての子ども自身と、当事者としての親自身という二つの当事者の併存があり、多くの場合、相談は親側、大人側からもたらされ、他方で、解決を図るべき問題の当事者・主人公としての子どもがいるという構図がある。この構図の中でしばしば、両者の利害、問題解決の優先順位は相違・相反しやすい。

　相談担当者はこの親子の利害のズレ、相違・相反に注意深く目配りし、両者の観点・主張を吟味・調整し、親子の利害相反が生じたら是正・修復できるよう、保護者による子どもの最善の利益の保証が保たれるよう、調整しなければならない。ただし、この場合も何らかの具体的な対応を行うに際には、必ず保護者・親権者の了解・承諾を得ることが前提条件であり、そのための説明・説得は相談担当者の責任で必ず行われなければならなかった。

　1 まず、すべての相談・支援活動は、子どもと子どもの親権者・

| 40 |

保護者の同意と承諾を原則として進められる。場合によっては
より広い親族や支援者、関係者の理解と合意承諾、協力を得て
進められる。

2 また、古くはパラケルススの誓いにも原点を持つ、目の前の、
表面的な事象にとらわれて、短絡的に対処することが戒められ
る。

3 そして、たとえ相談者の依頼と承諾において、支援が進められ
るとしても、当事者にとってみれば「赤の他人」が、たまたま
専門性がある支援者であることを理由に他人の生活・人生に具
体的な影響を与える関与をするので、当然、その過程において、
程度の差はあれ、当事者にストレスが発生し、ダメージが生じ
ることは避けられない。そのストレスやダメージを最小限に食
い止める工夫をすることは支援者の専門的なスキルである。

4 すべての支援活動は、当事者自身の問題解決能力の獲得、子ど
もの相談事であれば、良好な親子関係の維持とパワーアップを
実現することに目標が置かれる。そのための専門性こそが支援
者の主軸となる。

　最後にただし書きとして、相談の主人公・当事者である親と子ど
もの利害がずれたり相反したりすることについて配慮と調整をする
ことも支援者の役目となる。
　この技術の特殊性は、上記の1〜4は当初の優先順位としては
この通りの順番で開始されるのだが、その後の相談の展開途上では、
1以外の要件は、優先順位を柔軟に変えてもよいというところにあ

る。その差配の詳細をマニュアル化することは半ば不可能で、支援者の個性、相談者の個性、地域状況や社会資源の状況によっても、その運用は多岐に分岐し、また収束・変遷する。

　支援型ケースワークを核として発展してきた日本の児童福祉行政サービスにおける専門性は、日本の対人関係における鋭敏な感受性という、文化的特性を色濃く反映し、相談者と支援者の信頼関係の醸成・構築に強く力点を置くことを軸に形成され、いわばその技法は「曰く言い難し」と説明されるような、職人芸的な技能として形成されてきたと言える。

　これに比べ、イギリスやアメリカ合衆国を軸として発展・展開してきたソーシャルワークは、共に実証的なエビデンスや、個々人の率直な主張開示とその多面的な査定・評価の共有に重点を置き、そこから立ち上げるアセスメントの妥当性や、手順化された、実証的な効果が確認・評価できる支援方法の構造化とその評価、およびそれらの随時更新に力点が置かれてきた。対人的な感受性については、様々な宗教、文化、言語、人種と、その人たちが住む地域特性への適応（カルチュラル・コンピテンシーなど）のための、高度に訓練された感受性の獲得と活用が位置付けられているようにみえる。

　この日本の「曰く言い難し」とされる対人的感受性に基づく独特の関係性構築の技能は、欧米のエビデンス重視のシスティマティックな専門性、プログラム化された技法や、大学院修士課程に始まるスーパーバイザーのフィードバックを受けながら行われる現場トレーニングに比べて、まさに東洋的？と言えるかもしれない徒弟制的職人芸として形成される技能のように扱われてきたことに特徴が

ある。この特徴は、次に述べる介入型ソーシャルワークの導入において、まさに「曰く言い難い」障壁を生み出すことにもなった。

2-3
介入型ソーシャルワーク

　平成6（1994）年の子どもの権利条約の批准の後、平成12（2000）年の「児童虐待の防止等に関する法律」の施行により、日本の児童相談所はそれまでの支援型ケースワークとは全く異なる手順・手続きによる、介入型ソーシャルワークとでも呼ぶしかない新たな専門性の下での業務を開始することになった。

　従来の支援型ケースワークに対して、介入型ソーシャルワークの最も大きな違いは、親権に対する設定の違いにある。

　介入型ソーシャルワークでは、児童虐待の防止等に関する法律に基づき、子どもの安全と最善の利益の保証を、親権者の利害とは独立に扱い、判断することから、親権者・監護責任者のあずかり知らないところで、全くの第三者から、あるいは子どもの関係者から、ある子どもの安全の心配について通告があれば、児童相談所は直ちにその通告を受理し、緊急対応を開始する手順を基本とする。

　この場合、当の保護者・親権者は何も知らされることなく、秘密裡に初動調査が開始され、関係機関の間でプライバシー情報が収集、共有・評価され、保護者のいないところで、子どもの目視現認によ

る安全確認が行われ、場合によっては子どもの一時保護までが実施される。保護者はそれらの手続きが完了した時点で初めて、自分の子どもの安全に心配があると誰かから通告され、その通告を受けた児童相談所が自分たちの子どもを独自の判断によって一時保護したことを知らされる。保護者は、何も知らないうちに、自分の子どもが保育所や学校から、連れ去られたことを知ってびっくりし、当惑とショックを受け、しばしば怒りや反発を示すこととなった。

　子どもの安全を守るための児童相談所の親権に対する権限は、深刻な虐待死事件が起こるたびに強化・拡大の一途をたどり、一時保護の判断権限から、要保護児童対策地域協議会等を通じての様々な情報収集、子どもの居場所への強制的な立ち入り調査、保護者と子どもへの出頭命令、遂には警察の強制捜査をモデルにした、裁判所令状による子どもの居場所への臨検・捜索による安全確認の実施にまで拡大した。また児童福祉法においては、児童福祉司指導措置がとられた場合、もしも保護者がそれに従わない態度・行動をとり続けば、知事・市長などによる勧告を経て、子どもの一時保護から親権喪失宣告の申し立てまでを行う手続きが確認されることとなった。

　介入的ソーシャルワークの原型は、英米をはじめとする、裁判所が主導する、法の強制による手続きに属する専門性であり、幅広い柔軟性や共感性による工夫を許容する臨床的な手続きとは異なり、司法的な根拠と手続きを軸とした、厳密で、例外・逸脱を原則として許容しない手続きに特徴がある。

　以上、支援型ケースワークと介入型ソーシャルワーク、それぞれ

図表 2-1　支援型と介入型の要諦対比

支援型ケースワークの要諦	介入型ソーシャルワーク
①養育者・親権者・当事者の同意・承諾を原則とする	①子どもの安全確保（親権者の同意を前提としない）
②短絡的な反応でこれ以上事態を悪化させないこと ③外部専門家による当事者・関係者、援助関係のストレス・ダメージを最小限に食い止める工夫 ⑤当事者自身の問題解決能力の獲得　親子関係の維持・修復力のパワーアップの追求	
＊ただし相談者（親）と子どもの利害がズレてしまわないよう、配慮と調整が常時必要 ＊②〜④の項目は随時、相談状況に応じて優先順位を入れ替えて対応を進める。それは個人の人格的な力量・成熟を含む職人芸的な対人援助の専門性となる	＊①子どもの安全（Child Safety）の絶対的優先 ＊各項目の優先順位の変更は原則的に無い ＊②以下の各項目にジレンマ問題が生じても、ブレない ＊対応手順を確保し、個人的・個別的な揺らぎを認めない司法的手続きに近い手順・対応が求められる

・②〜④は両型共通

の要諦をここで図にまとめると、**図表 2-1** のようになる。

1 まず、すべての活動は、子どもの安全の確保、当事者である子どもや親権者の同意も前提条件にしない子どもの安全の確保がすべてに優先する。子どもの安全への侵害は、何も子ども虐待だけに限ったことではないことに注意が必要である。むしろ、子どもへの何らかの権利侵害が生じているかどうかよりも、今、目の前の子どもの安全・安心が脅かされていないかどうかが最も重要である。具合の悪そうな子どもがいたら、誰一人、放ってはおかないというポリシーが基礎となる。

2 ここからは先の支援型ケースワークと同じ項目が並ぶ。ただし、介入型ソーシャルワークの項目は変更不能の優先順序で構成されており、この短絡反応の戒めも、子どもの安全問題の前ではジレンマ問題に留まる。通告に際しては待った無しの安全確認が必須であり、必要な一時保護は誰かの同意が無くても、児童相談所の判断で実施されなければならない。子ども自身が戸惑い、抵抗を示しても、職権保護を知った保護者が逆上しても、必要な安全確保のための児童保護は実施されなければならない。

　　この項目がそれなりに言葉通りに許容されるとしたら、1の子どもの安全確保が何らかの形で保障され、その実効性が確認される場合に限られる。

3 外部専門家の介入がこれほど、家族や関係者に強いストレスを与え、明らかにダメージを与える危険性を冒す児童福祉行政サービスも珍しいと言わねばならない。先行する諸外国のモデルを見れば、裁判所が法の支配の下で、親権の妥当性の審判を行うことに連なる作業を、日本では子どもと家族の養育支援を軸に活動してきた児童相談所が、いきなり親権と対峙して、子どもの安全を守ることを優先にした権限執行を担っていることが特殊なのである。そういうわけで、3の項目は、子どもの安全に問題がある限り、1、2が許容される状況が確認されない限り、ジレンマ問題に留まる。逆に見れば、当面の子どもの安全が確実に保障された条件下で、かつ、短絡的な反応問題も一時的にしろ、対応できると判断されている場合には、3の項目を満たすための配慮と工夫が1、2、の項目許容範囲内で可能

になる。

4 子どもの安全がそれなりに確保され、短絡的な反応もある程度抑制でき、介入的な調査・評価も一定の水準で当事者・関係者の理解と協力のもと、実施できた時点で、当事者のリスクとストレングスのバランス、環境的なリソースの獲得を見て、何とか当事者のリソース、ニーズの開拓に至れそうになった場合、親子関係の修復、家族維持のための支援アプローチに取りかかれる条件がそろう。

　ただし、このアプローチは元の条件1〜3の、諸条件の継続的な確認を前提とし、かつ、保護者・関係者にその管理的な条件下での当事者参画を促し、子どもの安全に関する管理的な条件下での活動についての参加者の理解と協力の意思確認をとった上で、初めて開始されるアプローチである。もちろん、いついかなる場面でも、もしも、子どもの安全に心配があれば、直ちに緊急介入、緊急保護の対応が優先するという、限定的な条件下でのアプローチである。

　この介入型ソーシャルワークにおける支援の枠組みは次ページ**図表2-2**のようになる。

　介入型ソーシャルワークにおける親子への支援では、常に二つの観点からの作業が同時併行している。

　一つ目は指導・管理的な介入的要素で、子どもの安全・安心を損なうか、損なうおそれが認められたら、即座に子どもの安全確認と安全確保がすべてに優先する。必要なら、調査のための保護、安全でない環境からの隔離保護が実施される。

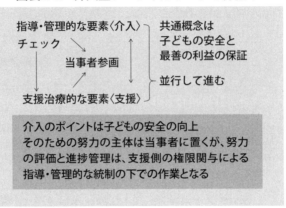

図表 2-2 介入型ソーシャルワークの枠組み

　二つ目は、上記の指導・管理的なアプローチを前提に、当事者自身の問題解決能力の向上・確立を目指した支援が行われる。ただし、初期の過程からみれば、強権介入的なリスクダウン・アプローチから始まっているので、当然、この段階でも支援者からの指導・管理的な要素は強く、徐々に当事者の探索・選択に支援の比重が移されていくにしても、関係者全員が、子どもの安全・安心を最優先に扱うというルールを前提条件と認めた上での作業であり、指導・管理的要素の優先性は動かない。

　このような制約付きの変則的な条件下で、それでも当事者の自発性を尊重し、かつ表面的な偽装の危険性を排し、客観的な妥当性、信頼性、確認能力を維持しながら、家族の養育支援を行うには、それなりの技術的な工夫を凝らした対応が必要となる。その一つとして注目されてきたのがサインズオブセーフティ・アプローチである。ただし、このアプローチが生まれたのは英米法下の国である。裁判

所が法の強制による親権への審判や制限を行う制度の下で、ソリューション・フォーカストアプローチの専門家によるスーパーバイズを受けながら開発・実践されてきたのがサインズオブセーフティ・アプローチであり、日本の制度・環境条件での活用には工夫が必要である[1]。

2-4
介入型ソーシャルワーク導入の衝撃と意味

　昭和 26（1951）年から児童福祉法に基づき活動を開始した日本の児童相談所において、平成 12（2000）年の児童虐待の防止等に関する法律によって始まった職務は、従来の支援型ケースワークとは全く異なる価値観と手順によるものであった。

　子ども虐待相談では、一応「相談」と呼んではいるが、その「相談」の開始は、養育者・親権者からの申し出に限定されず、全くの第三者からの通告といった社会的要請によっても相談が受理され、緊急の対応が開始される。さらに従来の支援型ケースワークでは、何をするにも、保護者・親権者への事前説明と、同意・承諾を確認

---

1)　この点に関しては、以下の文献を参照されたい
　　・菱川 愛、渡邊 直、鈴木 浩之 編著（2017）『子ども虐待対応におけるサインズ・オブ・セーフティ・アプローチ実践ガイド 子どもの安全を家族とつくる道すじ』明石書店
　　・井上 直美、井上 薫 編著（2008）『子ども虐待防止のための家族支援ガイド　サインズ・オブ・セイフティ・アプローチ入門』明石書店

することを原則としてきたのに対して、子ども虐待相談では、保護者の意向に対しても、「子どもの最善の利益の保証」が優位とされる。

　児童相談所はこれらのいわば、司法的な親権への介入的手続きの導入においても、なお、従来からの支援型ケースワーク、日本独自の対人関係能力を軸として発展してきた信頼関係の醸成・構築を軸にした保護者アプローチを試みようとした。しかも、他方では「毅然とした」という言葉が多用されることになる、子どもの安全確認と児童保護における、妥協のない、親権への介入・制限と子どもの安全確保責任を負うことになった。保護者との関係性に配慮し、将来の親子の関係修復を見越して「毅然とした」対応をとり切れず、結果的に問題の修復が間に合わず、子どもの安全に重大な損害が生じた場合、児童相談所は必要な権限行使を怠った不作為責任を問われることになった。

　従来からの児童相談所の専門性を、自らのアイデンティティとして強く意識してきた「職人」たる専門職は、この激しい変化にさらされ、何とかこの相反する価値観・特性を持つ専門性を統合的に扱える立場を見出そうとした。しかし、結果的に、その専門性は矛盾・混濁することになり「職人」たる専門職は次々と病み疲れていった。この日本の状況は令和の時代に入ってもなお、完全に脱却できたとは言えない状況にある。現場の疲弊はなお続いている。

　なぜ、そうなのか、児童相談所においても、平成 17（2005）年から始まった、市区町村福祉による通告受理からの初動の安全確認作業とその後の在宅児の養育についての要保護児童対策地域協議会の

ネットワークによる支援活動に関しても、もはや、かつての「支援型ケースワーク」の技能を極めた職員はほとんど姿を消したはずである。それでもなお、あらためて親権への「介入」と「支援」の矛盾・相克が問題になるとすれば、それは単なる歴史的経過だけに留まらない、より本質的な課題がそこにあるからだと考える必要がある。

　基本的には、1990 年代から 2000 年代初頭頃まで、日本に影響を与えてきたとみられる海外の動向を見ると、Maltreatment 問題における家族ケースワークなどと呼ばれてきた専門性においては、親権への介入と支援をその判断能力において、「支援を求めない相談者」への統合的な支援過程として扱うべきだ、という主張が日本に紹介されてきた背景[2]があること、その主張が 2000 年前後から崩れ始め、「法の強制による」事案、あるいは子どもの安全に関する「法的な通告義務」をめぐる事案では、「支援＝家族維持」と「介入＝児童保護」は、ケースワーク、ソーシャルワークにおいては、しばしば激しい矛盾、ジレンマを生じさせる問題であることが指摘され始め、それらの情報が日本にも紹介され始めたことがある。[3] それらはいずれも、家庭生活、子どもの養育に対する国家権力と裁判所・司法権限のあり方を反映している。

　日本の児童福祉ソーシャルワーカーの養成や役割、位置づけが、こうした海外の動向をどのように吸収・消化していくのかは、まだ

---

2)　例えば クリス・トロッター著、清水隆則監訳（2007）『援助を求めないクライエントへの対応──虐待・DV・非行に走る人の心を開く』明石書店

3)　例えば ディーン・H・ヘプワース 他著、武田信子監修（2015）『ダイレクト・ソーシャルワーク・ハンドブック──対人支援の理論と技術』明石書店

明確ではないとみられる。その理由の一つは、社会的・実務的な制度設定の枠組みのあいまいさにある。

　日本がモデルにしてきた大陸法に依拠する親権と世俗権力の位置づけと、第二次世界大戦後の日本が導入してきた、英米法に依拠する、大陸法とは異なる親権と世俗権力の位置づけによる考え方が、実務上の価値と手続き、思想・信条として、またそれを反映する制度として、十分には整理されてこなかったこと、特に、かなめ、となる司法、裁判所の主体的関与責任を省いたか、見送ってきたことに制度上は重要な課題があるとみられる。

　より身近な感覚的な水準で見れば、対人援助活動こそが、児童福祉行政サービスの中核的イメージである。様々な生活上、育児上の困難を抱えた人を相手に、その悩みや困りごとに耳と心を傾け、ある種、自己の感受性や人格のありようまでも道具化して磨きをかけ、共感し、受容して寄り添い、その人たちの自己発見、エンパワメントに同行・寄与しつつ、自らの専門性とネットワークの資源を投入してその過程を助け、リスク・ダウンからパワーアップに向かうまでの過程を添い遂げること……が、児童福祉行政サービス実務者の中核的なイメージではないだろうか？

　支援型ケースワークとここで便宜的に呼んでいる業務の中核イメージは、ある程度、こうしたイメージとの類似性が高い特徴を持っていると言えるかもしれない。

　子ども虐待の防止等にかかる業務：介入型ソーシャルワークにおいては、こうしたイメージは幻想であるばかりか、自らを病ませてしまう毒素になり得る。人間の持つ弱さ、愚かさ、自分自身を含め

て認めざるを得ない脆弱さ、未熟さを出発点とし、時に法的国家権力による力を頼り、人としてのその愚かさや弱さの中にあって、守られていない子どもとその養育者を、悪循環の淵から脱出させること、海の中で溺れてしがみついてくる人を、自らも半ば溺れながら、励まし、蹴り飛ばし、大丈夫かと呼びかけ、突き飛ばしながら一緒に助かろうとする努力をやめないこと、が、本務の素朴なイメージである。

　支援型ケースワークと介入型ソーシャルワークを、部分的な手順・手続きの類似性から、あるいは最終的な支援目標から、さらには制度的な重複性・連続性から、同一視したり、統合しようとしたりしてはならない。この二つの専門性は、その基本的手順においては対人援助としての強い類似性、技術的手順における共通性を確かに持っている。ただし、それらは技術的・部分的な共通性であって、価値の優先順位や判断基準、権限設定においては全く異なる筋書きの下に物事を扱う。二つは明確な意識と手順の下、常に同時・並列的に、チームによって進行管理する必要のある、異なる二種の専門性である。従来から設定されてきた、一人の専門職が地域担当や相談種別担当として一人で担当できるような課題では到底ないことも基本的認識として必須である。

第 **3** 章

介入型ソーシャルワークの基本

3-1
介入型ソーシャルワーク
登場の経緯

　平成6 (1994) に子どもの権利条を批准した日本は、その6年後の平成12 (2000) 年に「児童虐待の防止等に関する法律」を成立させ、子ども虐待問題に本格的に取り組むことになった。具体的には、まず強権による親権への介入、子どもの安全確認調査と、緊急の一時保護の判断と実施を始めたが、それを担当する児童福祉行政サービスにおいては、明らかに親権の部分的制限を伴う一時保護に続けて、そのまま介入を実施した機関が保護者の養育改善と親子の関係修復、時に「家族再統合」と呼ばれる支援までを連続して提供するという体制を構想した。

　もちろん設定された筋書きがすべての事例に適用されるわけではないが、最初の段階で、子どもの福祉に反する養育状況の疑いを理由に、安全確認や親子分離など、親権に対して強い介入を行った行政機関が、その判断行為の妥当性について、裁判所など、司法による審査を受けることなく、そのまま取って返して、当の養育者への支援をも開始するという筋書きは、どう見ても、権力支配的な「お上の情けによる官製福祉」「家族の在りように対する公権力の介入的支配」がむき出しになっていないかといった批判をまぬかれない設定でもある。

　国家権力の下にある専門性はあくまでも善なるものであり、公平

で良心的なものであるという強固な信頼を前提にするか、一定の条件下での経済的・社会的実効性を優先した運営上の効率に基づく妥協を許容するのでない限り、こうした「親権と家族」への「国家権力の介入と支配的支援管理の在りよう」は、社会政策の設計としては、実証的な検証を受け続け、その妥当性をチェックする必要があるようにみえる。

　ただし、この成り行きは、相談現場の視点から見ると、また違った風景として見えてくる。元々、相談者への受容と共感、相談者の承諾と信頼を軸とし、地域・家庭での子どもの養育を支援し、子どもの健全育成の達成について、親権者との共同責任を最優先の価値として実践を重ねてきた児童相談所は、子どもの安全確保のための家族と親権への強権介入を必要な権限行為と位置付ける子ども虐待問題に直面して、例えば裁判所のような責任ある司法機関による管理・審判が設定されないなら、単に強権による介入的手続きだけを担当する部門を、福祉警察のような機能として独立させるよりは、親子の養育問題の調整と修復、家族の維持支援を担当してきた子ども家庭福祉の専門機関である児童相談所が、あえて、初期の介入的な対応をも担っておいた方が、結果として子どもと家庭の福祉の向上にかなうのではないか、と発想することは十分にあり得た。これが行政サービス機関特有の、法令遵守の受動性と状況依存的な合理化バイアスによる、疑問多き判断であったかもしれないことは、やがて浮かび上がってくることになった。

　元来、第二次世界大戦後の日本の児童相談所は、昭和26年の創設以来、時代と共に変転する様々な児童福祉行政サービスの要請に

常に振り回されながら、実践的・臨床的な福祉専門機関として、その都度の要望に応え、変身を繰り返してきた行政機関である。子ども虐待問題への対応も、その延長線上の成り行きであった。

　その後の経過は、こうした対応が、実は他に競合・反証するものを持たない行政専門機関特有の受動的適応であり、思い上がりであったかもしれないことが、実は明らかになってきたようにみえる。子ども虐待問題への対応が進むに従い、児童福祉の中核的な専門機関としての児童相談所の本体である子どもの養育への相談支援機能は徐々に後退し、子どもの緊急安全調査と安全確保機能だけが突出してきたことが、誰の目にも明らかになってきた。この途上、平成17（2005）年度から、それまで地域における子育て支援を担当してきた市町村の行政サービス部門までもが、子ども虐待通告を受理し、児童相談所の立ち入り調査や一時保護の権限を持たないまま、児童相談所と横並びに、親権に対峙して初動の通告受理からの子どもの安全確認作業を行うことになった。さらに要保護児童対策地域協議会という法定化されたネットワークが、その地域に住む要支援・要保護の子どもと家族のプライバシー情報を収集管理し、子どもの安全についての継続的な支援・進行管理全般を担う、市町村主体のネットワークとして立ち上げられることになった。

　これらの施策が進められた背景には、もしも、子どもの安全問題を虐待死ゼロといった強硬な危機対策として機能させようとするなら、莫大な予算と人員、親権と子ども・家族についての国民の基本的な価値観に触れるような法整備を、司法、福祉、教育、保健の各分野、関係省庁を横断・動員して進めることになり、それを一元的

に担当する強大な権限組織とその理念、法体制を立ち上げる、といった課題に相当な困難性があったことが考えられる。

　この困難に対し、とりあえず、根本的な作業を完遂することはしばらく横に置き、まずは制度整備の端緒となる児童虐待防止の法律を議員立法で成立させ、その他の課題は後の検討に残しつつ、既存の社会資源の転用投入によって当面の児童虐待問題についての基本事業を開始しようとしたのがおそらく現在までの経過である。その結果、各自治体においては、それまでの児童福祉行政サービスの中核機能のほとんどを、子どもの緊急安全対策に投入することになった。

　やがてこの強化策の対症療法的な限界性が見え始め、児童福祉司の増員や、児童相談所の新増設が推奨され、さらには母子保健から、保育サービス、義務教育を核とする公教育までを呑み込んで、すべての子育てに対するポピュレーション・アプローチからハイリスク・アプローチまでを、子どもと子育てに係る行政サービスの基礎情報として一元把握し、最新の情報テクノロジーを投入して、そこで生じるかもしれない様々な家庭生活、子どもの養育におけるトラブルを未然把握し、管理しようとする、誇大妄想的な情報管理の発想も生まれるに至っている。これはある種の必然ともいえる。

　今、これらの問題をあらためて見直し、現実的な課題として組み立て直すことが難しいのは、人は自らの良いところだけを見たい、深刻な限界性や脆弱性に向き合うより、気づかなかったふりを続け、好事例だけを見ることで、よりスマートに、その場をやり過ごせるフリをしていたいという、偏った楽天性を、近年の経済・教育・文

化・社会の流れの中で我々が身に着けてきたからに他ならない。そ
れらは間違いなく、いつか破綻するとみられ、個々の最前線では既
に問題が表面化してきている。真の楽天性は、最も深刻な可能性を
真正面から冷静に見切った上で、その覚悟をもって成立するもので
ある。

　では、こうした状況を認めつつなお、この今にしか育つ時を持た
ない子どもとその養育者の相談現場で何ができるのか、その一つの
試みが、介入型ソーシャルワーク[1]の実践である。前書きに述べた
通り、これは過渡的なこととして、いずれは乗り越えられていくべ
き児童福祉行政サービスにおける、一時的な対応技術である。その
実効性は、全国各地の実践現場において繰り返し問い直され、手
順・手続きにおいても継続的に検証され、作り込まれていく必要性
がある。そしていずれは何かに変貌して消えていくべき道具である
かもしれない。

3-2
介入型ソーシャルワークにおける
二つのアプローチ

　介入型ソーシャルワークでは、子どもの安全確認と安全確保に初
期対応の軸足を置きながら、その経過途上では親権と家族への介入

1）　介入型ソーシャルワークの元には従来からの児童家庭福祉相談に関する専門性の基礎的技
　　術としての支援型ケースワークとでも呼ぶべき実践がある。これについては後述する。

と併行して、子どもの安全の確保を前提条件にした上での、養育支援のアプローチも行う。結果的に、介入型ソーシャルワークでは、二つの異なる専門的アプローチを併行して行うことになる。この二つは、従来の枠組みからみれば、親権や養育者への「介入」と「支援」に概ね対応するのだが、この二つのアプローチを厳密に区別し、かつ、同時並行・並列的に併用することに特徴がある。

　ここで「介入」となるアプローチを「診断分析型アプローチ（リスクダウン・アプローチ)」、「支援」となるアプローチを「解決志向型アプローチ（パワーアップ・アプローチ)」と便宜的に呼ぶこととする。

　診断分析型アプローチが扱うテーマは、子どもの安全に関する家庭養育と地域社会が示すリスクとストレングスである。解決志向型アプローチが扱うテーマは、子どもの家族・親族と地域社会が持つ、活用可能なリソースと、それを利用する家族のニーズである。

　この二つのアプローチを一人のワーカーが担当し、自身とスーパーバイザーの裁量だけで併行的・合理的に、うまく使い分けようとすることは現実的では無い不健康な万能主義である。この作業は基本的に組織的なチーム体制による検証と緊張感を伴う運営が原則である。

　図表3-1 に二つのアプローチの概要を示す。以降に各アプローチについて説明する。

| 62 |

図表 3-1　診断分析型アプローチ vs 解決志向型アプローチ

診断分析型アプローチ（病理性の解明）リスクダウン・アプローチ

・何が問題か尋ねる
・具体的なまずい出来事、行動を尋ねる → 特に感情▼動機について尋ねる
・問題の原因について尋ねる
　　　　　　　　　　　　　　　　　　問題の内容確認、データ収集
　　　　　　　　　　　　　　　　　　問題のアセスメント、見立て
・解決について提案して尋ねる ←　　 介入計画の策定
・評価とフォローアップ（PDCAサイクル）
・問題解決：終結

問題解決力は専門家の中から生まれる

VS

解決志向型アプローチ（エンパワメント）パワーアップ・アプローチ

・長所志向に当事者をエンパワーする　　当事者の認識を聴く
・当事者の考えと対応経過を聴く　　　　解決ゴールを描いてもらう
・当事者の長所を確認し、意欲を増強する　例外的な出来事を探す
・当事者が、取り組んできたことを素朴に解決法を探る

　　　　　　　　　　　　　　当事者の考えと経験から
　　　　　　　　　　　　　　解決の糸口を探し出す

問題解決は当事者の資質から生まれる

3-3
診断分析型アプローチ
（リスクダウン・アプローチ）

　診断分析型アプローチは、通告直後の安全確認の調査から、子どもの安全問題の発生状況の探索・推定・解明を目指し、子どもの安全・安心についてのリスクとそれに対抗できるストレングスを調査・分析・確認、評価し、現状から最小限度、状況悪化を食い止め

るため、さらには現在のリスクの水準を下げるためには何をすべきかを分析・検討、実施する作業である。

この作業の中核部分、特に初期対応において、日本に先行する国々では、親権を扱う裁判所や司法機関の管轄下での手続き、場合によっては短期の保護者からの子どもの身柄の分離保護拘束による、調査や親権審査手続きが設定されてきた。

このアプローチの主たる目的は、何らかの兆候から心配されることになった子の現在の安全リスクを正確に見極めることと、現に子を養育している者による養育の適切性と養育改善の見込み、より適切な養育者の再設定の要否等の検討を、親権を扱う権限がある裁判所の審査として行うことにある。

併せて、もう一つの対応課題は、初期対応以降の在宅での支援経過中の子どもの安全管理である。実はこの課題の方が初動対応よりはるかに業務量、業務内容が広く大きい。

在宅での支援経過中の子どもの安全管理に関しては、既に解決志向型アプローチが開始されている状況下での安全管理活動であり、初動の安全についての対応よりも複雑かつ困難な状況をより多く含むことになる。これまでの虐待死検証に関する諸報告が指摘してきたような諸般の対応課題も、概ねこの領域の課題である。

いずれにしても、このアプローチの中核は正確で迅速な調査・評価と判断、それに基づく機敏な対応であり、そこに投入される主な資源は投入できる人数と担当チーム・担当機関の持つ専門的な調査能力、知識と技術、蓄積されてきた経験知である。担当チームはまず子ども本人と子どもの生活場面、子どもの養育に関係したそれぞ

れの当事者に、何があったのか、何が子どもの安全を損なう出来事として起こったのか、知っていることは何か、普段はどういう状態なのか、今回の事態は、たまたまいつも通りにはいかなかったことなのか等々、様々な関係情報を聴取・収集し、詳細な審査・評価・分析を行う。[2] 担当チームは当事者・関係者が直面しているであろう生活課題、養育課題につき、特に負の領域となる感情的な問題、当事者たちが抱えるストレス問題の解明と当事者の持つ脆弱性、およびそうした状況下での対処能力、適応力、健康さ、などのストレングスの評価に関する高度な専門性を有していなければならない。

　ここで下す判断の要点は、継続的な子どもの安全確保であり、諸問題が子どもにもたらす危険性を抑止し、リスクを下げるためには何が必要な条件かを明らかにし、そのための組織的な対応行動をマネジメントすることにある。

　診断分析型アプローチにおけるリスク・マネジメントについて、日本における特徴的な課題は、具体的なリスクが認められる場合よりも、具体的なリスクがはっきりとは見えないのに、子どもの安全が既に損なわれているか、損なわれるおそれにさらされている場合の対応にある。

　日本の福祉行政機関は、子どもの安全確保のための介入的対応において、具体的に誰かが子どもへの加害行為をした疑いの強さ、子どもが既に受けたか、受けつつある損害の明確さや深刻さに応じて、強硬な児童保護の対応を正当化してきた（結果保護）。これに対し、

2）　これらのアプローチの詳細については後段の「両アプローチのアセスメント」の項で再度詳しく述べる。

加害の事実が不明確であったり、子どもが問題を明らかにするための証言や分離保護を強く拒んだりした場合、あるいは親や関係者が加害行為を否定し、子どもの保護に強い抵抗を示した場合、特に養育者の加害についての責任性が明確にできなかった場合、子どもの潜在的な危険性の軽重にかかわらず、親権への強い介入をためらってきた（例えば「法第28条を申し立てても通らないような状況」とか、「事故か加害によるか原因が特定できない状況」といった理由により介入をためらってきたことがしばしば示されてきた）。これらは「子どもの安全」の確保・保証を最優先と定めている子ども虐待対策、すなわち、子どもの安全を最優先に考えるという子ども虐待対応本来の趣旨に照らした場合、明らかに判断の偏りを示している。

　子どもの安全の保障が確認できない状態、あるいは、既に生じている子どもの安全に関する懸念につき、どうすればその危険を防げるかが分かっていない状況・環境に子どもを放置しておくことは許されない（未然防止保護：調査保護の必要性）、という判断を、保護者・当事者の反応よりも優先する必要がある。この基本がしばしば日本の福祉行政サービスでは親権に対する行政機関の介入権限と、子どもの安全確保責任の間で、あいまいに扱われてきた。これは、リスクダウン・アプローチとしての診断分析型アプローチが正確に運用できていないこと、すなわち、日本が、裁判所の管理下における期限付きの親権の部分制限による子どもの調査保護[3]を含め、当

---

3) 例えば米国の多くの州では期限付きの部分的な親権制限による子どもの緊急保護拘束手続きが法的に位置付けられており、これには保護者から裁判所への即時抗告権も保障されている法的手続きである。

の親権者の養育についての妥当性審査を裁判所が行う、という制度設計を見送ったことの補塡が十分でないことによる。これは今後の制度的な重要課題の一つである[4]。

3-4
解決志向型アプローチ
（パワーアップ・アプローチ）

　診断分析型アプローチは、子どもの安全確保の判断を行う場合、あるいは支援的なアプローチが始まってからも、子どもの安全についての管理について、常に適用される。ただし診断分析型アプローチをどこまで進めても、子どもの養育改善の定着や親子関係の修復、健全育成の達成について、直接的に貢献できる効果は薄い。診断分析型アプローチの焦点は、あくまで、子どもの安全に関するリスクを下げることへの貢献にある。

　子どもと養育者が、単に子どもの安全を保障するだけでなく、より充実した親子の交流を持ち、豊かな子どもの成長、子どもの健全育成を達成するには、リスクダウンだけでなく、パワーアップのア

---

[4]　保護者・養育者との関係が対峙・対立的な場面状況でも、将来、リソースとなるべき支援関係における当事者のストレングスを開拓・発見することは、解決志向型アプローチの重要な課題である。ただし関係性配慮のために介入をためらってはならない。この課題については非暴力コミュニケーション（Non Violent Communication）の考え方が参考になる＊。
　＊ Rosenberg, M.B.（2005）Spek peace in a world of conflict. Puddle Dancer Press. 今井麻希子、鈴木 重子、安納 献 訳（2021）『「わかりあえない」を越える』英治出版

プローチが必要となる。

　子どもの養育において、何らかの親子の不調が生じたところから、その養育状況を変え、子どもと養育者が、より充実した生活と交流を紡いでいけるようになるには、当事者自身が、これまでの生活状況を変え、自らのニーズに基づき、様々な頼りにできる資源を見つけ出し、それらを生かして、より充実した生活を実現していける方策を見つけ出すことが必須となる。

　そのための専門的なバックアップ・サポートをすること、当事者自身やその生活の場での様々な資源の発掘・開拓を助け、当事者自身がそれに触れて自らのニーズとそのための資源に気づき、その活用を通じて現状から少しでも良くなる（ハッピーになる）ために何ができそうか、感じ、考えていけるようになることが、解決志向型アプローチ（パワーアップ・アプローチ）の主な課題である。具体的には日々の生活におけるささやかな喜び・楽しみを見出すことから、次第に自分自身や家族への能動的・肯定的な感情と生活経験を増やし、やがて周囲の環境世界、対人的な世界での意味ある生活・行動を体験し、発見し、エンパワーを進めることなどが該当する。

　このアプローチは、世界中で、ソリューション・フォーカスト・アプローチと総称されている、対人援助における専門的な支援方策と多くの部分で重なる。診断分析型アプローチが主に司法・管理的な介入の手順であるのに対して、解決志向型アプローチは対人援助における臨床的アプローチとして、子どもと養育者の特性や能力、またその養育が行われている地域・環境世界の様々な状況、社会資源、支援者となれる可能性を持つ人やサービス機関が持っている、

活用可能なレパートリー、さらには、その子どもや養育者と地域との関係性などに焦点をあてた開拓的・探索的な調査と活動を核とする。

　もとより、それらの資源の発見が、当事者自身のエンパワー、興味や意欲、動機付けとうまく結びつかないと、当事者自らの力となる支援の実効性は望めない。しばしば、それまで必ずしも順調・良好とはいえなかった人間関係を再度、結びつけ直すこと、疎遠であったり、懐疑的・不信的であったりした対人関係を、互いを必要とし、尊重するような人間関係にまで変えていけるか、といったことが課題となる。支援者はこうした対人関係の効果的な展開のための調整者、修復支援と新たな資源の開発支援者となる。

　ここで、断っておかなければならないことは、介入型ソーシャルワークで展開するパワーアップ・アプローチとしての解決志向型アプローチは、一見、従来の支援型ケースワークの専門性と重複するように見える部分があることである。ただし、このパワーアップアプローチでは、養育当事者・親権者の同意と承諾が最優先する支援型ケースワークのシナリオは絶対に適用されず、常時、リスクダウン・アプローチとしての診断分析型アプローチをパートナーとして、そのバックアップを受けることで成り立つ。すなわち、「必要な場合にはいつでも、確実に子どもの安全のための緊急対応、児童保護は躊躇なく行われること」というリミット・ルールの条件が、常時、確認され、保障されている必要がある。これが、先の**図表 3-1** で示された当事者参画による支援の基本条件である。

3-5
両アプローチのアセスメント
——共通の基本手順

　虐待通告受理直後からのリスクとストレングスについての診断分析型アプローチによるアセスメント、それに続くリソースとニーズについての解決志向型アプローチのアセスメントには、共通する原則、基本的な作業手順がある。この技術的な手順は、おそらく従来からの支援型ケースワークとも部分的共通性を持つ。おそらくそうしたことが、従来からの専門性の統合ということを構想させるひとつの理由でもあったとみられるが、この共通性は単に技術的な類似性・共通性であり、価値と手順においては全く優先順位の異なる専門性の一局面であることを理解しておくことが重要である。

　例外はクライシス・マネジメントで、これはリスクダウン・アプローチである診断分析アプローチの初期段階で緊急に発動される対応であると共に、その後の支援過程においても、子どもの安全に何らかの疑いが生じた場合や、未知の状況の発生兆候が認められた場面など、リミット・ルールに触れる事態に対して反射的に発動される対応である。これについては別に後述する。

●対面による展開
　——アセスメントの基本手順①

　まず、二つのアプローチに共通する原則の一つ目は、アセスメン

トを立てるための情報収集は、対面による情報聴取を原則とすること、さらに可能であれば、出来事のあった場所、生活の現地・現場を見た上で評価を行うことである。

　重要な当事者情報、事実情報は、文書、メール等の書面や、電話、Webの情報だけで聴取・評価しないことが原則である。

　最近のデジタル技術の進歩はめざましく、即時に正確な情報の伝達・共有、さらには検索までもが可能となった。ただし、その有効性は伝達の速さと統一的な記録の正確さや繰り返しての再認性に限定され、生き物である人と人の対面におけるコミュニケーションが持ち得る繊細かつ複雑な五感を通じての質的・量的情報には及ばない。特に情緒的・感情的・心理的な情報は、表明される言語以外の、声の調子やリズム、表情や息遣い、手足の動作や体の動き（時には匂い）によって双方向に表現され、相互交流する。さらに、対面によるコミュニケーションはその場面に至るまでのやりとりの過程、対面を終わって別れていく過程までのすべてが、当のコミュニケーション・テーマの内容、相互のメッセージを語る。デジタルコミュニケーションでは、背景もいきさつも圧縮・統制・省略が優位であり、開始も終結も一瞬である。この違いは大きい。

　さらには、そうした対面場面を通じて、次の作業に向けて連続する関係づくりを構築することが重要となる（当然その周辺では関係性を補塡するデジタルコミュニケーションを含む過程がある）。対人支援は人と人との出会いと関係の構築によって成り立つ。この人間関係の構築と、それを窓口にした組織間チームワークの運営が重要である。ある家族における子育てへの支援には、多数の有形・無形の親族・

近隣・知人、地域社会からのバックアップが大きな役割を果たす。これらを対面によるコミュニケーションを基本として展開させることが重要である。

●体験の理解
──アセスメントの基本手順②

　診断分析型、解決志向型のアプローチに共通する原則の二つ目は、個々に把握した出来事の事実を、連続的・流動的に生起する一連の出来事、成り行きとして把握することである。どんな些細なことであっても、ある人の生活では、予期していなかった偶然も含め、様々な出来事は必ず、何らかのつながりのある出来事として体験される。それは意識的な場合もあれば、無意識的なこともあり、意図的なこともあれば、成り行き任せのこともある。まるで予想しなかった不運も、しばしば、その前後に起こった出来事と結び付けられ、人の悪意や社会の無慈悲さ、自身が抱える運命の残酷さとして意味づけられた経験となる。思いもよらないちょっとした幸運な出来事が、人生の本流の良き予兆と感じられることがあれば、好事魔多しと、待ち伏せているかもしれない不穏な災難の予兆とされることもある。生活の中の様々な出来事は、常に主観的にはそれぞれの人の心の風景として、様々なつながりのある、一連の流れとして経験され意味づけられる。これを探り、つかむこと、そして想像的に心の波長を合わせ、確かめ、感じ取ることが、人と人との相互理解を深め、意味あるコミュニケーションを図る鍵となる。しばしば、何気ない些細なことへの生真面目な真剣さが必要であり、堅苦しく、

重苦しい事態へのユーモアあるまなざしが必要となる。人はいろいろな意味で涙する。同じように様々な感情から笑みを漏らす。何気ないポイントにおいて、時に涙したり、苦笑いしたりする経験に、人生の風向きを変える力が宿ることに注目しておく必要がある。これらはまた、把握した諸情報の情緒的・感情的側面の意味に注意を向けることでもある。

◉輻輳する事態の理解
──アセスメントの基本手順③

　診断分析型、解決志向型のアプローチに共通する原則の三つ目は、我々が聴取したり、目の当たりにしたりする出来事には必ず並行する複数の出来事の流れ（プロセス）があり、特に、子どもの安全問題に係る親や家族への支援においては、その背景、背後で進行・推移している様々なストレス状況の把握が重要となる。

　経験的に見て、子どもの養育における家族内のトラブルで、子ども自身の状態や行動だけが家族のストレスの核をなしている事象はまれである。当人らがその場でどう思ったり、どう感じているか、何に気づいているか、にかかわらず、当事者が抱えている様々なストレス状況が、あたかも、コックリさんのグラスを操るかのように、子どもをめぐるトラブルに関与しているのが常である。

　支援者は常に、子どもをめぐるトラブルの背後に、支援者がまだよく知らない当事者、関係者が抱える様々な感情とストレス状況が関係しているかもしれないことを忘れてはならない。おそらくそれらの感情は互いにせめぎ合い、矛盾したまま、輻輳して流れている。

支援者は、かつての風を読む船乗りのように、当事者たちの抱える様々なストレスの風向きを読むことが重要となる。よい風向きの時、人々は思いのほか、有能な問題解決者となる。悪い風向きの時、過去の経験からの期待はしばしば外れる。

◉地図を描く
　──基アセスメントの基本手順④

　二つのアプローチに共通する原則の四つ目は、出来事のこれまでの経過をよく調べて、よく見えるところ、理解しやすいところと、よく見えないところ、理解しにくいところを見分けること、また、常に問題が頻繁に発生しているところと、そうでないところを見分けること、また、何があれば問題が起こりにくくなり（リスクダウンにつながるのか）、何があれば、解決（パワーアップ）に向かいやすく、不穏な緊張が解消されやすくなる（リスクダウン）には、どのようなことが影響しやすいのか、具体的に知る必要がある。

　これらの情報を集約し、併行して収集・確認した諸情報（図表3-2）とも照合し、対象となる親子、家族の全体像を把握すると共に、当該家族、親族、近隣知人から、地域環境が持つ具体的な資源内容、およびそれらを投入した支援体制構築の青写真をおぼろげながらも描き始められるようになることが、最初のストレングス／リスク・アセスメントを建てる段階であり、さらにこの最初のストレングス／リスク・マネジメントから、具体的なリスクダウン・アプローチを試行的に展開する活動を通じて、支援者はストレングス、リソースの確認・確証を進める作業を始めることになる。

図表 3-2　通告からの初期対応で児童福祉機関が収集・確認する情報

家族歴：本籍地照会
　父母の出生からの情報　親族の情報　現在接点のある親族関係者情報
　他に内縁関係・婚姻歴の確認
　婚姻歴　離別歴あれば　各パートナーについての情報
　婚姻・内縁関係の時期　居住地　いきさつ　離別理由等

父母からの成育歴・生活歴の聴き取り
子の養育情報：
　子どもの出生歴　母子健康手帳取得状況　出産状況　健診・予防接種歴
　育児アンケート等の情報等
　子どもの所属歴　保健センター精密健診等の履歴　保育所　幼稚園からの所属場所
　での情報　要対協関係機関の相談歴　通告歴
　他のきょうだいの履歴も同様に調査

父母の現況についての相談ニーズ　現状認識
　父母の承諾をとって親族・昔を知る人物の探索と面接・聴き取り調査
　受診歴・治療歴があれば本人の承諾をとって関係機関に事情聴取

子どもへの調査
　子どもとの面談　事情聴取　行動観察　心理学的査定
　きょうだいへの調査　面談　事情聴取　行動観察
　発達段階（コミュニケーション能力含）　養育関係（愛着関係）

環境状況の調査　学校・所属機関調査　周辺情報との照合
　親子・家族関係の見立て　これまでの生活歴の関与状況
　社会的環境調査　大人・年長者と子どもとの関係　同年・年下との関係
　子どもの個別の心情と課題　生活で一番重要な価値基準の見分け
　問題とされている行動の成り立ち・背景状況の見立て

⇒ さらなる調査項目へ

　父母との面接調査　　アセスメントの照合・修正　　　リスク / ストレングス
　関係者との協議　　　アセスメントの照合・修正　　　リスク / ストレングス
　全体の見立て　　　　問題発生メカニズムの見立て　　リソース / ニーズ
　　　　　　　　　　　今後の問題改善のための見立て　⇒アセスメント

　当面の方針の策定（プランニング）⇒マネジメント

具体的な支援案の提示に取り掛かるための家族の支援ニーズの把握とそれに符合する地域・関係機関の資源状況の把握も、この初期の試行的なリスクダウン・アプローチから始まり、それが、リソース／ニーズ・マネジメントとしての具体的な支援活動を提案するための筋書きを描く過程につながり、それがリソース／ニーズ・アセスメントに至る道筋をつくる。

◉リミット・マネジメント
　　──アプローチの基本手順⑤

　ここで、重要な五つ目の焦点は、リミット・マネジメント（反目標）、リミット・ルールの確認である。そのための重要な参照情報は、リスクの評価ではなく、ストレングスの把握・評価にある。

　リミット・マネジメントのリミット（限界）は、時に反目標と呼ばれる。反目標とは、今、目指しているアプローチが仮に全くダメになるとしたら、どんな場合が考えられるか、どういう理由でそうした事態が起こり得るかという、いわば現状についての最悪事態の事前想定を指す。

　子どもの安全問題への介入と支援という課題に照らせば、個々の場面、様々な対応において、それが全く的外れであったり、重要な事項を見落としていたり、あるいは隠れている未知の状況に気づけないでいる可能性を常に想定範囲の内に組み込んで事態に当たる必要性を意味する。つまり常時、子どもの安全に疑念が生じた場合には、その時点で表面上、進行していることが何であれ、直ちに子どもの安全確保を最優先に事態を掌握し直し、子どもを守ることを、

支援者、関係者における最優先の要件とする方策である。この作業の要点は、リスクについての慎重な評価を行うことではなく、ストレングスの要点を突破される危険性への感性にある。

3-6
ストレングスの評価と
リスクダウン・アプローチ

　このリミット（限界）を見定めるのには、ストレングスの評価が重要な役割を果たす。基本的なストレングスは、当事者の資質、能力、生活態度、対人関係での共感性や配慮にかかわる実効性のある社会性・信用性などから評価されるが、そこには常に支援者側の、当事者との関係性についての感覚、期待、動機付けが深くかかわっており、それらはある種の複雑なバイアスを背景にしながら形成される。この総体が子どもの安全に関する当事者間の信頼性であり、それが当事者と支援者の間でどのような行動になり、どのような関係を作るかが、重要となる。

　ストレングスは成熟した人間性・社会性といった側面も重要だが、他方で「素朴な愚直さ」が、「練り上げられ、成熟した対人交渉力」よりもずっと高い信頼性を持つこともある。また子どもの安全という課題におけるリスクとストレングスの対比においては、なりふり構わぬ子どもへの愛情が、子どもに支配や強制といった侵入的な強い危険因子となることもあれば、絶対的な子どもの安全の確保要因

となることもあり、具体的な場面・条件に応じた働きを見極めることが重要である。

子どもの安全問題で、保護者と対峙的・対立的となった場面でのストレングスの評価は、リスクと同等の重要性があるのだが、日本ではこれまでリスクの評価を偏重した検討が目立ち、実務的にはストレングスの評価も同等に重要であるという経験が正しく反映されてこなかった経過がある。目に見えるリスクが高ければ、それだけで子どもの安全に問題があるのは確かだが、目に見えるリスクが低ければ、それだけで子どもの安全は保障されていると言えるのか、という問題がある。これまでに検討され、設定されてきたリスク項目に該当が少ないということは、確かに、その調査時点での表面的な状態として、安全上の問題が顕著ではないことを示しているかもしれないが、ある時点で観察されたリスク評価が低いという事実は、子どもの安全問題に対する強い防御力や抵抗力、状況悪化を食い止められるストレングスを保証するものではない。

この観点で、子どもの安全性を保証するための保護者・養育者のストレングス（強味）と脆弱性（弱み）に関する信頼性の要点は**図表3-3**のようになる。

図を見て分かるように、臨床現場で注目されるストレングスは、個別のリスク項目に対応するよりも、支援関係における信頼性に重点がある。これらの項目においてマイナス評価が高い場合、目の前の状態としての具体的なリスクの兆候についての評価が低くても、あるいは目の前の行動・行為の評価がたとえ良好であっても、その事例における子どもの安全の脆弱性・リスクは高いとみなければな

図表 3-3　児童福祉ソーシャルワークマネジメントの観点

基本的な信頼性、ストレングス（強味）と脆弱性についての項目

所在が概ね明らか **vs** いつ何処に居るか不明

連絡がつく（留守電でもその日に折り返す）**vs** しばしば電話がつながらない

訪問・面接が予定通りにできる **vs** しばしば困難

居住者と関係者確認が明確 **vs** 不明確

経済生活の事態が明らか **vs** 不明

子どもの安全確認が毎日確実にとれる **vs** とりづらい・不安定、把握困難

話していることと現実にズレ・矛盾が無い **vs** 話に矛盾やずれ、虚偽を疑う内容がある

ストレングス・リソースの発見と強化（対立的テーマ）

1．想像上の共感・相互の了解がみられるテーマ

2．当事者の選択・自己決定を想定できる出来事

3．各個人の独自性、違いを認識・評価できるテーマ

4．チーム・パートナーシップを重視する関係（要請）

ストレングス・リソースを発見するためのアプローチ

＊ここでの発見・了解・尊重・評価は同意・承諾とは一致しない対立点の確認を含む

1．各個人の考え方・感じ方の違い・独自性の認識に立ったコミュニケーション（仮の受容・傾聴）

2．当事者自身による選択・自己決定を基本としたコミュニケーションと対峙的なテーマを明示しながらのコミュニケーションの区別と両立

らない。ストレングスの問題によって脆弱性・リスクが高いと評価される事例の場合、厳密なリミット・ルールの設定、敏感なリミット・マネジメントが必要となる。

　リスクが高く、保護者と支援者が対峙的・対立的な関係にある事例で、ストレングスをどのように扱うかは、重要な課題である。こうした場面では、診断分析型アプローチ、解決志向型アプローチ共通に、アセスメント・アプローチにおける当事者の生活場面での詳細な反応行動の調査・聴き取りによる理解・確認が重要となる。

●ストレングスの確認

　一定のリスク管理や、そのリスクを低下させるための対応が展開する最中でも、ストレングスとそれにつながるリソース発見のためのアプローチは併行して追求することが可能である。そのためには、利害対立の中での調整・調停のためのコミュニケーションの手順・手法が参考になる[5]。まず、そうした場面での基本的な態度として以下の3点が挙げられる。

1　この世の物事の多くは、懐疑的にみれば、常に相対的であり、

---

5)　こうした作業手順ではしばしば PDCA サイクルが提案されてきた。現実的に PDCA サイクルを適用しようとするなら、P：プランから作業開始することは現実的ではないことに注意が必要である。PDCA サイクルを解決志向型アプローチに適用するには、まず C：チェックによって、現状分析・アセスメントを行い、A：アクションで具体的な体制整備と提案（コンサルタント段階）の内容を精査し、その結果をもって P：プランニング（提案提示から具体的な作業開始）に入るという手順設定が妥当である。

かつ、多様な事実経過から成り立っている。各個人のものの考え方・感じ方には違いがあり、それぞれに独自性がある。その違いは当然、場面ごとのものの考え方、意見においても、利害においても、対立を生むことがあり、それは即座に好悪の感情反応を起こしやすい。

　今、対立している相手が目の前にいるとして、当然その相手がたどってきた人生もその中で身に着けてきた価値観は、こちらとは当然違っている。仮にその相手との間で、それでも何らかの支援関係を築くことが必要なら、互いの違いとそれによる対立を踏まえた上で、まず、相手をよく知ろうとする努力が必要となる。そのためには好悪の反応、正否の議論をいったん保留し、相手のことをよく知るために、相手の主張や説明を傾聴し、理解しようとする努力が必要である。

2　介入型ソーシャルワークの支援においては、当事者である養育者と子ども自身が自らの意思でとるべき対応を選択し、自己決定して行動することが重要であり、そのためのコミュニケーション、相互理解の努力が求められる。この対応は、子どもの安全に関する問題においても、支援者は子どもの安全確保と保護のためには、断固とした決定権を保持し続けるが、家族の修復・維持のためには、当事者自身の特性、感性、意思決定を軸として、当事者が暮らしてきた様々な環境の資源を、当事者自身が活用できるように支援するアプローチが原則となる。もちろん、児童保護と養育支援・家族維持の開きは大きく、ジレンマは避けられず、二つの基準の立ち位置を維持することは組織

| 81 |

としてのバックアップなしには難しい。

3 こうしたコミュニケーションでは、互いが、相手と自分の意見内容と見解の相違点・対立点をより正確に確認し合うこと、その上で、共有できる課題や行為、目的があるかどうかを探ることが、コミュニケーションとしての関係性・信頼性を持てるかどうかのストレングスの要素となる。

上記1〜3の認識・態度に基づいて、以下のような観点が、リスクやニーズの評価・確認中に設定できるストレングスやリソース発見のための観点となる。

1) 仮の限定的・想像的な共感を含め、お互いが相互に了解できる（なるほど、と思える）テーマがあるか。

2) 当事者の対応選択、自己決定の独自性を尊重して事態を考えると、どのような対応選択や自己決定がなされそうか、予測的に説明がつく筋書きは見つけられるか。

3) 各個人が独自に、互いの違いを前提にものごとへのかかわり方について互いを自分なりに評価するとして、共通確認できるテーマはあるか。

4) これらの互いの違いや対立を前提として、何か共有できる行為、パートナーシップを提案・要請できることはあるか。

●ストレングスの探索とパートナーシップ

　上記1）〜4）の例として、体罰主義を標榜する父とのコミュニケーションの模擬事例を以下に例示する。これは過去の経験から模擬的に創作された事例であり、模範事例ではない。実務的にはリスクも十分にあり、一つ間違えば、最悪の事態に陥いる危険性もある。読者はそういう観点で批判的に、この事例の諸般の状況・課題を想定しつつ読み進めていただきたい。

▼小学校低学年の男児が父からの平手打ちで頬を腫らして登校してきたとの通告があり、現認。頬の腫れは既にひいており、受傷程度は軽い。これまでにはこうした頬の腫れや頭部・顔面のケガ、身体全体にも打撲痕・アザなどが学校で発見されたことはないとのこと（気づかなかった場合はあるかもしれないが）。

▼子どもからの聴取と周辺調査によると、子どものしつけとして、かなり頻繁な体罰があること、体罰は主に父からで、頬への平手打ちが多いらしいことが判明。

　おそらく頬の腫れは頻繁にあったとみられるが、軽微な皮内出血の腫れだけで、ケガや鼻血を出したことはないとのことであった（子ども本人からの聴取）。

▼本児童には年少のきょうだいがおり、保育所に在籍していたため、本児童の目視現認と並行して保育所での現認を実施、体罰等によるケガはないこと、ただし、叱られる際に頭を平

手で叩かれることがあることを聴取・確認した。

▼学校・保育所から聴取された情報に限れば、父母の養育と親子関係については頻繁な体罰が散見されているが、ケガを負ったエピソードは無く、子どもたちは父母になついており、生活全般において子どもの安全に関して特段の心配を感じるようなエピソードは確認されなかった。

▼たとえどんな理由があってもしつけにおいて体罰を用いることは不適切であり、法的にも禁止されていること、特に頭部・顔面、腹部への殴打は、些細な手違いで子どもに致命的な損傷を与える危険性が高いことが、国の虐待死検証報告でも繰り返し指摘されてきたことなどから、直ちに同日夕刻に父への警告面接の設定とそれまでの間、2人の子どもの身柄の各所属場所での一時的な確保がとられた。

▼呼び出しに応じて父はすぐに出頭し、子どもへの体罰を認めた上で、それは手順を踏んだしつけの一環として行われた行為であり、虐待とは考えていないと主張した。さらにこうした干渉を受けることで親としての子どもへの一貫したしつけが損なわれたことについて強く抗議した。

▼父と共に出頭した母からも、父の行為はしつけであり、虐待として扱われたことに強い不満を述べた。母もまた、必要があると感じた際には子どもの手やお尻を叩くしつけはしていると述べた。

▼これらの主張を聴いて、児童相談所は、いかなる理由があったとしても、これ以上、子どものしつけとして体罰を続ける

こと、特に頭部・顔面への暴力を用いることを続けるのであれば、その結果の危険性、体罰によるしつけの悪影響のおそれから、子どもの分離保護も検討せざるを得なくなる場合があり得ることを示し、児童福祉法が定める子どもの安全についての保護者の第一義的責任と、国・地方公共団体の共同責任の下で、子どものしつけに関する話し合いを続ける必要がある、と告げた。

▼父母はこれに強く反発し、子どものしつけについて他人の指示や干渉は受けないと主張した。児童相談所はこれに対し、今後、この出来事に反発して登校・登園制限をかけるなど、子どもの安全確認を阻害するような行為や再度の体罰によって子どもがケガを負うような事態になれば、家庭への立ち入り調査も含む緊急保護をとることもあること、また既に、この通告は警察とも情報共有されており、警察は独自に事件着手・捜査の権限を持っていることを告知するに至った。

▼父はそれなら今すぐ警察をここに呼べと強い怒りと反発を示したが、母は、子どもへの真剣なしつけの努力を、単なる暴力行為としか見ずに問題にされることは納得がいかない、自分たちの努力を踏みにじるのかと抗議した。

▼児童相談所はこの父母の反発に対して、確かにどのような出来事にも必ず、いきさつと理由があるのは事実であり、父母が単に子どもをいじめるために暴力をふるったとは考えていない、今回の事実を確認した結果、当面は緊急の保護の対象とはならないと判断しているが、今後さらにしつけの問題が

きっかけとなって、子どもに危険な体罰がいつ行われるかも
しれない事態を静観するわけにはいかない。何がどういう風
に起こってきたのか、両親のしつけの努力がどのような経過
をとってきたのか、子どもに習得させたいしつけの目標とそ
の方法にさらに効果的な工夫はできないか、話し合うことは
必須であり、またそれは保護者と関係機関の法的義務である
と考えていることを伝え、同意までは求めないが、理解と協
力を求めたいと説明した。

▼父母は、今回のいきさつには現時点では全く同意できないこ
と、今すぐ理解と協力を求められても、はいそうですかとは
言えないこと、子どものしつけについては明らかに不当な干
渉を受けたと感じており、子どもとも話し合っておきたいこ
となどを理由に今日は子どもを連れて引き取らせてもらう、
と宣言した。

▼児童相談所はこんな形で突然に介入・干渉されたことに両親
として、強い違和感や反発を感じることは十分に理解できる
ことであり、反発されている発言内容についても理解できる。
ただ、2日後には再度父母との面談をしたいこと、明日以降、
2人の子どもは保育所、学校に登園・登校させること、もし
も何か問題があれば、直ちに権限行使として対応せざるを得
ないこと、を条件提示した。

▼父は返答を拒否したが、母は今回の問題を虐待問題とされて
いることに父母は同意していないことを前提条件として認め
てもらえるなら話し合いに応じると返答、父も可能なら出席

することを考えると応答した。児童相談所は両親にそろって出席してほしいこと、面接が時間外となった場合には、その間の子どもの世話は児童相談所か福祉機関で保障することを伝えた。

▼翌日、2人の子どもは無事に登園、登校し、それぞれの安全が確認された。昨日帰宅してから、子どもはなぜ叱られたのか、両親に尋ねられ、それぞれ「いい子でなかったから、ちゃんと言いつけを守らなかったから」、と説明し、それでいいよと言われたとのことであった。

▼児童相談所と市の福祉事務所は保育所、学校と緊急連絡網を確保し、子どもや家庭の状況に不穏な動きや、支援者側にとって未知の状況を想定させる兆候が認められた場合には直ちに情報共有し、児童相談所は緊急保護も含めての対応をとることを確認した。

▼2日後の夕刻、両親は2人の子どもを連れて市役所に来所、児童相談所と市役所の福祉事務所の職員と面談した。児童相談所からまず、話し合いの要請に協力してくれたことへの感謝を伝え、子どものしつけについての両親のこれまでの経験、苦労したこと、うまくいったことについて詳しく聞かせてほしいこと、および、今、取り組んでいる課題、先日の体罰に至ったしつけの成り行きについても聞かせてほしいと伝えた。両親からは、子どもの頬を叩いて腫れさせたことについては、事と次第にもよるが、顔面への暴力であり、父は自分が幼い頃、親からの平手打ちで何度も鼻

血を出した経験があり、自分は子どもに鼻血を出させるような平手打ちはしないように控えてきたが、それを振り返ると、顔への平手打ちは控えたほうがよいかもしれないと考えたと話す。

▼児童相談所と福祉事務所はそれから計3回にわたって父母との面接を続け、父母から子どものしつけと体罰についての経過を聴き取り、父は父なりに、いろいろ試行錯誤し、考えた手順を通じて一定の限界が来たと判断したときに警告したうえで体罰をしていること、母もその父を見て同様に感じ、ふるまって来たこと、子どもの方もその段階を分かっており、強く叱られた上で、叩かれたらいったんおしまいになることを分かって応じてきたことが明らかになってきた。

▼3回目の面談で、児童相談所が両親から聴取してきたことを元にして想像的に組み立てた、父母と子どものやり取りの筋書きを聞いて、父は、ほぼその通りだと思う、そこまで知った上で、それでも自分たちのしつけは変えるべきで、虐待だと思うのか、と尋ねた。児童相談所は、虐待という言葉が適当かどうかは分からないが、子どもの安全・安心の保証と健全育成の達成という我々が担っている課題においては、体罰によるしつけは変えて欲しいし、変えたいと考えている、もしも今後、子どもが両親の体罰でケガを負うようなことが起これば、一時保護もあり得ると言わざるを得ない、と答えた。父はそれを聞いて落胆し、話し合いは無駄だったと述べた。母は今後一切、自分たちのしつけ

に口出しして欲しくないと述べた。

▼児童相談所は、これまでの話し合いは無駄だったとは思っていない。父母の子育てにおける一生懸命な思いや、工夫しながら取り組んできたしつけの努力もそれなりに理解できた。それだけに、子育てにおける体罰を変えて欲しいとより強く感じている。法的には両親と我々福祉機関は、共同で子どもの安全・安心を守り、健全育成を達成する責任があるとされている。そこで私たちは体罰の無い子育てが実現できることを目指すことに責任があると感じている。確かに、今、児童相談所も、どうすれば、両親の望むしつけを体罰無しで実現できるのか、魔法か奇跡のような正解を持っているわけではない。どうすれば、罰としての体罰を使わずに、しつけを進めていけるのか、父母と一緒に考えて行くしか道はないと思っている。とりあえずのところとして、子どもの心身の安全確保と体罰の無いしつけについて、もう少し、一緒に考える時間をとって欲しい。そして、最小限度のお願いとして、今日以降、もしも子どもに体罰をするしかない、と思うことが起きたら、緊急電話に一報だけは入れてもらえないだろうか、そうすれば直ちに私たちが向かうようにしたい、最低限、体罰によらないしつけのための努力だけは続けたいと考えている。と述べた。

▼父は約束はできない、言いたいことは分かった。私たち親の思いも十分に説明した。何も隠すことはしていない。子どもにも隠し事はしていない。これからも子どもはきちんと登

園・登校させる、しつけもそれなりに考えながら続ける。なんだかんだ言っても、子どもの成長に責任を負っているのは親なのであって、相談所が我々の代わりに子育てしてくれるわけではないだろう。話し合いの要請は理解したが、どうするかの返事は保留したい。帰らせてもらう。と述べて、面談は終了した。

▼その後、話し合いの約束はとれない状況が続いたが、子どもは無事に登園、登校を続け、安全上の問題も特に報告されることは無かった。母からは、時々、しつけ上の問題はあり、父母共に叱ってもいるが、体罰を加えるところまでのトラブルは起こっていないとの報告が、保育園や学校にあった。

▼最後の面談から3週間目のある日の夜、児童相談所の夜間緊急電話に父からの電話が入った。父は、担当者が電話しろと前に言っていたので、電話した。子どもの行動に問題があり、これまで尋ねたり、諭したりして、やってきたが、いよいよ限界が来た、しつけとして体罰を加えることになりそうだ、と述べて電話は切れた。

　このあと、連絡を受けた担当者は電話で子どもと話しながら、家庭訪問に向けて緊急出動することになる。体罰の回避が果たして間に合うのか、その場の安全確認判断で子どもをいったん緊急一時保護とするのか、アプローチが展開していく。
　本模擬事例のポイントは、体罰についての介入的な診断分析型アプローチ（リスクダウン・アプローチ）の最中に、保護者の行動原理の

理解を目指した限定的な共感的作業を行い、最低限のリスクダウンのための要請を行っている点にある。このような働きかけは、対峙・対立的なリスクダウン・アプローチにおける、最大限の臨床的アプローチである。模擬事例では、父から体罰直前の電話がかかってくることにつながった。

もちろん、この模擬事例は想像上の事例に過ぎず、子どもや家族の状態や対応経過によっては、既に緊急の調査保護や一時保護が実施されているかもしれない事例である。さらには同じような状況で在宅状態にありながら、父母に接触を拒否され、支援機関からは単なる注意喚起のみで、子どもの経過を見ているだけになっている事例もある。それぞれの状況によって対応経過は模擬事例とは異なるだろう。

この模擬事例では、診断分析型アプローチの初期段階として、以下の評価がなされている。子どもの安全と緊急保護の要否については、初動の目視現認で、通告時の子どものケガは緊急保護を要するまでの深刻な状態ではなく、また、それまでの経過情報を見ても深刻な子どもの安全上の問題やその悪化のおそれについての兆候は今のところ見当たらない。また、父母が示すストレングスとして以下の兆候がその後の経過において評価された。❶感情的には強い反発や怒りを児童相談所に示しながらも、呼び出しにはすぐに応じて出頭し、自身の考えや経験を児童相談所に率直に伝え、理解を共有しようとする姿勢がみられた。❷面談の要請、予定に応じる姿勢を示し、かつ実行した。❸子どもについては登園・登校と安全確認が確実に継続できた。❹通告をめぐるやり取りの間、父母は子どもにも

しつけと体罰をめぐる透明性のあるコミュニケーションをとっており、口止めや不穏な威圧を加えた痕跡がない。❺関係機関の連携体制がとられている中で、通告以後はケガは繰り返されなかった。❻話し合いの結果、頻繁な体罰の使用がうかがわれたが、父母は手順を踏んだしつけを試みてきており、一定の感情コントロールが働いていることが対応経過を通じてうかがわれた。などの6点をもってこの父母の養育には子どもの安全確保に関して一定のストレングスがあると評価された。結果的に体罰直前の連絡という、最低限度のパートナーシップ要請への反応が得られたことを模擬事例で示した。

　もちろん、これだけで、子どもへの危険が排除されたことにはならない。児童相談所が到着するまでに体罰が行使されてしまい、子どもは一時保護されることになるかもしれない。結果的にはストレングスの評価が甘かったという経過もあり得る。

　模擬事例は、最後の時点で、体罰の回避を目指す最短時間での安全確認という機会が提供された。児童相談所は父母との対立的な関係の中で、子どもの安全についての保護者のストレングスを測りつつ、最低限度のパートナーシップの働きかけをリスクダウン・アプローチの一環として行った限定的な事例としたい。

3-7
アセスメント・チェック

　リスクダウン・アプローチである診断分析型アプローチにおいて
は、子どもの安全に関する対象事態の評価として、状況全体のスト
レングスとリスクの見立てを軸として、何が問題の深刻化をもたら
しているのか、どういう事態の経過が子どもの安全リスクを悪化さ
せるのか、また、それらのリスクを緩和し、低減させるにはどのよ
うな出来事、コミュニケーションが実効性を発揮するのか、などに
ついてのアセスメントが問われる。

　パワーアップ・アプローチである解決志向型アプローチにおいて
は、当事者と支援者が子どもの安全と健全育成の達成に関する共同
責任の認識をどの程度共有し、必要な場合には即座な保護があり得
ることを承知した上で、どうすれば、親子不調の悪循環を脱出でき
るか、どうすれば、養育の充実が図れるか、養育者自身がチャレン
ジすることを効果的に支援できる方策についてのアセスメントが問
われる。

　いずれの場合にも、そこに向かうまでの調査と評価の過程：マネ
ジメントの成果が問われるのだが、手順としては、評価のまとめを
行い、実効性が見込まれる方針とその根拠を今一度見直して、確認
し、総括することは、アセスメントの重要な作業手順である。

　アセスメントを立てる際には、以下の基本的な事項を確認するこ

| 93 |

とが重要である。特に対峙・対立的な関係性において、当事者の開示や協力程度にバラつきがあるような事態で収集された諸情報において、利害関係者の様々な主観的・感情的な評価が混じる調査においては、個々の事実関係の評価には様々なバイアスが紛れ込んでいる。このバイアスの影響を評価するためにも、アセスメント・チェックは重要な手順となる。

　アセスメント・チェックは全体で6領域、14項目で、実務的な所要時間はおよそ15分から30分程度で終えるべき作業手順である。それ以上、議論が長引いて、まとまりが得られない場合には、その前提となるマネジメント作業にまだ、未整理・未達成な課題が残っていると考えられ、そのままアセスメントを続けるのか、いったんマネジメント作業に戻すのか判断する必要がある。以下にチェックの概要を示す。

1　相談者の個人・家族・親族・近隣知人・所属集団・地域社会はそれぞれ当該の問題をどのように理解し、定義づけているか

2　問題の強さ・深刻度について　どのように認識しているか（ちょっとしたトラブル、危機的、etc.）

3　問題の継続性に関して　どのように認識しているか（短い、ずっと続く etc.）

4　これまでどのような解決策、対処行動があり、それはどうなったか、それぞれの関係者はどのように評価しているか

5　この問題の影響を受けている人の範囲とその個人の特定

6　地域社会的システムはこの問題からどんな影響を受けているか

7　この問題は地域社会的システムからどんな影響を受けているか

問題解決に関係する障壁や制約があるか

8 地域による文化的な価値観、家族・親族、組織、地域社会の価値観が問題にどのようにかかわっているか

9 当事者はどのようなストレングス　資源を持っているか

10 当事者はどのようなインフォーマル、フォーマルな資源を活用できそうか

11 当事者はこれまでのインフォーマル・フォーマルな支援をどのように経験し、それについてどのような感情を抱いているか

12 当事者は提案される支援について問題解決の希望を感じているか

13 当事者は提案される支援に関して起こる変化について動機づけられているか

14 支援方針についてのモニター評価指標、反目標（リミット・チェック、リミット・ルール）は設定されているか

●問題の定義と発生状況
──チェック項目と要点①

1 相談者の個人・家族・親族・近隣知人・所属集団・地域社会はそれぞれ当該の問題をどのように理解し、定義づけているか

今、アセスメントしようとしている家族と子どもの安全に関する問題は、各当事者から、地域社会まで、それぞれの段階でどのように理解され、定義づけられているかをチェックする。この作業は次のエコロジカルなチェックの基盤となる構成単位を確認すると共に、今後の影響因子としてプラスの方向性、マイナスの方向性にはたら

く要因や環境を識別するためにも重要である。

しばしば、人の関係はグループ化して、違う次元にまで影響を与え合う。否定的な排除的影響が広がりすぎないように注意する点や、肯定的とまではいかずとも、親和的な関係を温存できる可能性、将来の肯定的な支援関係を構築できる余地を残すような人的・環境的配置も重要となる。

特に郡部で人の移動が少ない地域では、何世代にもわたる一家・一族の地域における評判や評価・関係性が固定化していたり、時には好ましくないレッテルが貼られていたりすることがある。これらは表立って語られるより、関係者の間だけの暗黙の周知事実となっていることに、支援者がよそ者である場合は留意が必要である。

2 問題の強さ・深刻度について　どのように認識しているか
（ちょっとしたトラブル、危機的、etc.）

問題の深刻度、個々の事態の問題と、時間的経過における前後関係については、様々な周辺情報、経過情報を集めることで、ある程度の見込みを付けることが概ね可能である。もしも、単発の深刻な問題が、周囲の関連性ある出来事・情報無しに起こっているような場合、それは偶発的な事故かもしれないが、子どもの安全の確保という観点からは深刻な事態であり、予測的に防御することが難しいことが起こっているかもしれないと評価しなければならない。

3 問題の継続性に関してどのように認識しているか（短い、ずっと続く etc.）

子どもの安全上の問題が、どの程度の頻度で、どの程度の継続的・連続的な発生頻度を示してきたか、これからどの程度の間隔・

頻度で生じようとしているか、を見極めることは、リスクダウン・アプローチで重要である。

　個々の事象は軽微でも、繰り返し頻繁に生じている問題は、累積することで、単発に起こる深刻な問題と変わらないダメージを子どもに与える危険性がある。また、一見、深刻にみえる出来事が、結果的には何気ない軽い結末に至る経過を繰り返している場合、今後も同じような経過が繰り返されるだろうと見込みやすいが、これは「確認バイアス」という重大なミスを犯す危険のある認知であり、個々の事象の危険性は、常に最悪事態までを視野に入れて、対応を検討する必要がある。

　それぞれの事象は、子どもの養育場面で生じたちょっとしたトラブルかもしれないが、それは支援者側からは見えない別なところで、家族が経験し、抱えている何らかのストレスの高まりを示していることもあるので注意が必要である。

　4 これまでどのような解決策、対処行動があり、それはどうなったか、それぞれの関係者はどのように評価しているか

　毎日の生活の中で起こる子どもの安全問題は、実は多様な変化形を持っていることが多い。いくつかの条件がそろってしまった時に最悪の事態が生じているが、そこまでの条件がそろっていない時には、事なきを得ている場合もある。特段、誰かが意識的な対処をしたかどうかだけでなく、たまたまの、ある条件下では大したことなくやり過ごせているような場合も含め、問題発生を抑止させる事態は起ってこなかったかどうか、精査することも重要である。

◉問題のエコロジカルチェック
──チェック項目と要点②

5 この問題の影響を受けている人の範囲とその個人の特定

　子どもの安全に関係する子育て、家族の問題について、影響を受けていると見込まれる人の範囲とその人物を特定すること、および、それぞれがどんな影響を受けてきたか、現在どういう状態にあるか、今後どのような経過をとりそうか、評価する。

　この調査は当然、先の１〜３の調査、および４のエピソードに関係する人物の調査と一部重複する。

6 地域社会的システムはこの問題からどんな影響を受けているか

　家族の中で発生した子どもの安全問題や養育のトラブルは、表面上は何も他のこととのつながりが生じていないように見えていても、多かれ、少なかれ、様々な影響を周囲に与えている。ちょっとした近所づきあいや、地域コミュニティでの活動、疎遠な人間関係や集団内での孤立など、それぞれに、その地域全体が持つ特性との兼ね合いも含め、その家族から発信される情報によって地域社会が受けている何らかの影響を調べることは重要である。多くの場合、こうした情報は、何人もが話す似たようなエピソードや、ちょっとした言葉のニュアンスなどから得られることが多いが、さらに微妙なことになると、定点観測的な複数のコメントや、多くの人物の面談調査を経て、半ば、雰囲気とか、匂いのようなものとして立ち上がってくる印象像を手掛かりに認知されることが多い。

　この項の評価・確認のためには、模擬的・仮説的な筋書きをたてて、関係者に尋ね返すことも場合によっては必要である。「例えば、

こういう感じなんですか？」「例えば○○の様な時に〜みたいなっていうことですか？」などである。人間関係の様々な事象は観察された客観的な事実に、想像力を加えることで初めてその相貌を現し始める。

7 この問題は地域社会的システムからどんな影響を受けているか
　　問題解決に関係する障壁や制約があるか

　6の項で評価された内容は当然、双方向・相互性を有している関係性であり、家族が地域社会システムからどんな影響を受けているかが重要である。おそらくこちらの方が、焦点が当該家族に集中する分、具体的な実態は見えやすいかもしれないが、様々な生活場面ごとのエピソードや、非言語的な生活・行動上の成り行きは、6と同様、様々な人物、場面、経過の中から浮かび上がってくることを想像力をもって拾い上げ、確かめていくという作業を要する。

　これら6、7、の情報や評価はそのまま、問題解決に向かうための社会資源の活用や支援過程の構築に直接影響する要素を多く含んでおり、その面から、支障や制約が生じそうな可能性をあらかじめ評価・想定しておくことも、重要である。特に解決志向型アプローチにおいて、地域の人的資源として把握した対象者が、それぞれどんなことを得意とし、どんなことを苦手とし、とりわけ、対人関係においてどのような関係性や距離感が鍵となっているか、知っておくことは、支援者として重要である。

●文化的特性による態度・価値観のチェック
──チェック項目と要点③

8 地域による文化的な価値観、家族・親族、組織、地域社会の価値観が問題にどのようにかかわっているか

　現在の日本の児童家庭福祉行政サービスの展開を考えるにあたって、地域社会、および様々な世代の関係者の価値観を扱う際に、最も重要な要素を挙げるとしたら、男権・父権に関する感覚と母性養育に関する家族観ではないだろうか。性意識と世代の意識は、地域によってかなり異なる実態があり、個別性と集団性が複雑に絡みあっているが、それらは当事者にとっては半ば習慣化していて意識もされず、家族間のコミュニケーションの持ち方から、生活の手順、些細なものごとの優先順位にまで、実に様々な領域で強い影響を与えている。

　もう一つは、社会的な距離感の中での個人の欲求とストレスのコントロール基準である。これにも地域や文化による差があるように見受けられるが、例えば電車に乗ったら、かなり多くの人が1〜2分以内にスマホに目を落としている光景は、広く日本中で見受けられるようになっている。こうした現象がどのように推移し、何を語っているかよく考えてみる必要がある。

　実務でよく出会う感覚の違いでは、ネグレクト家庭の散らかり方についての評価がある。本来、これには子どもの安全についての、いくつかの客観的基準化が必要だと考えられるが、それ以前に、ある状態を「耐え難いほどに散らかっていると感じる」から、「これ位なら、許容できると感じる」程度には、かなりの個人差がありそ

| 100 |

うにみえる。おそらくこれには個人の五感の感受性から、育ち、暮らした風土・気候、経験まで、様々な要素が絡んでいるのであろうが、意外なほどにバラつきがあるまま、支援活動にかかわっている実態があるとみられる。

　宗教や人種の多様性、みるからに多種多様な人たちと対面することが少ない日本社会では、得てして暗黙の同一性が、同調圧力を形成しやすいとみられるが、互いの違いは意外なほど大きい。転勤による新しい職場への適応を考えれば、多くの人が思い当たるのではないだろうか。支援者と対象となる家族には、突然、何の調整期間も置かずに互いの感覚がぶつかる可能性があることを忘れてはならない。対象者に対するリスペクトにはこうした習慣、感覚の違いや齟齬に対する敏感、かつ柔軟な配慮が含まれる。

◉リソース：資源の有効性について
　──チェック項目と要点④

　9 当事者はどのようなストレングス　資源を持っているか

　初期の介入時であれば、診断分析型（リスクダウン）アプローチにおけるストレングスの評価、リスクダウンに活用できそうな資源があるかどうか、その後の支援過程であれば、ストレングスの評価に加えて、解決志向型（パワーアップ）アプローチにおけるリソース：資源の評価の内容を確認する。

　初期のストレングスの評価で、脆弱性がある（ストレングスについて否定的な評価がなされている）とされた事例では、その後の経過において、ストレングスの改善がみられているか、みられていないかが、

限界吟味（リミット・マネジメント）の設定内容に影響する。診断分析型（リスクダウン）アプローチにおいて、低いストレングスが認められている場合には、緊急介入の必要性を判断する限界吟味の感度を上げておく必要がある。

また、リスクダウンに活用できそうな資源として何が活用できるか、その資源は、連続的に解決志向型（パワーアップ）アプローチにおいても活用可能かどうかを確認する。

解決志向型（パワーアップ）アプローチにおける、リソース：資源の評価作業においても、当人の行動特性にストレングスの低さが伴っている場合には、併行する診断分析型（リスクダウン）アプローチ、リスクダウン・マネジメントの感度を上げておくことと、各資源の活用効果についての継続性・信頼性においても、常に限界吟味の設定（リミット・ルール）が確実に行われているかが重要となる。

10 当事者はどのようなインフォーマル、フォーマルな資源を活用できそうか

診断分析型（リスクダウン）アプローチにおいても、解決志向型（パワーアップ）アプローチにおいても、非公式でプライベートな人間関係を軸とした：私的な（インフォーマル）サポート、公的なサービス（フォーマル）サポートを、具体的にどのくらい確保できそうかは重要である。

もちろんそこで、具体的な人間関係がどれくらい定着し、その関係性を通じて対象者にどのような生活の充実、向上がいつ頃、得られるかは、支援活動を開始してその経過をみないと分からない。従って具体的な支援の場、交流の場とそこにいる支援者の顔がよく

見える形で準備され、また、当事者・関係者の資質がある程度具体的に把握されていることが重要である。

リソース：資源の活用については、長続きするインフォーマル（任意で私的な）サポートが重要である。フォーマル（公的・制度的な）サービスは、緊急の対応を要する課題、権限を行使し、短期集中的に介入的な支援を投入する必要があるような場面では重要な役割を果たすが、そうした支援には、あらかじめ規定された期限や支援量の制限があったり、公的な支援担当者の場合は、転勤・配置換えによる担当者の交替があり、一定期間以上、同じ支援担当者が当事者と関係をとり続けることが難しかったりすることが多い。これに対して、インフォーマル（任意で私的な）サポートは、十分な専門性を持たない者の任意性による支援内容のバラつきや、急な閉止・中断などがあり得るものの、長期の経過を見ると、息の長い、柔軟な支援効果をあげることもあり、とりわけ当事者の社会的孤立を防ぎ、対人的な交流の支えになる可能性が高いという特徴がある。

診断分析型（リスクダウン）アプローチにおいても、解決志向型（パワーアップ）アプローチにおいても、マネジメントにおいて、どの程度具体的な社会資源が活用できそうか、また当事者自身が持つ資質がどのように問題解決や生活の充実に肯定的な能力を発揮できそうか、見極めることが重要である。

11 当事者はこれまでのインフォーマル・フォーマルな支援をどのように経験し、それについてどのような感情を抱いているか

アセスメントを立てるまでのマネジメントの段階で、当事者がそれまでに、どんなインフォーマル（任意で私的な）サポート、フォー

マル（公的・制度的）サポートを経験して来たか、その経験について
どんな評価や感情を抱いているかを知ることは重要である。

　公的サービスを忌避・拒否する人、対人関係の機会を増やしたり、
新しい対人関係を持ったりすることに消極的・回避的な人は、それ
までの人生経験で、何らかの不快・不穏な経験をしてきたために、
そうした場面を避けようとしているか、あるいは、そうした経験に
近づくことそのものに、初めから、ためらいや怯えを感じてきた人
である。社会的・対人的サービスやサポートに対して、当事者がど
んなイメージや感情を抱いてきたか、特にそうした態度や感情の元
になった経験をよく知ることが重要であり、そうした背景を共感を
もって知り、受け止めることから関与を始めることが大切である。
例えてみれば、不登校の子に登校するための条件整備から関与しよ
うとすることは無意味であるばかりか、侵害的でしかなく、不登校
のままの今の生活・今の居場所について、そのままの状態での共感
的な関与から、かかわり始めることが重要であるのと同じことであ
る。

●当事者の支援への動機づけについて
　　──チェック項目と要点⑤

　12 当事者は提案される支援について問題解決の希望を感じてい
　　るか

　リスクダウン・アプローチの場面では、支援者と当事者は対峙的
であり、中には明らかな反発・対立関係になる場合もあり、支援者
が行う介入的なアプローチには反発・警戒を示すことが多い。それ

| 104 |

でも、リスクに対抗できるストレングスを探索しようとするアプローチには部分的にしろ、協力を示す（そのこと自体がストレングスを示す）場面はあり得る。

　介入的な手続きを行う場面では、当事者の当惑やおそれ、不安をできるだけ正確・正当に把握し、断固たる権限の行使は執行するが、緊張・対立関係を不要に増幅させないように配慮することや、子どもの安全確保のための介入は、もとより保護者と国・地方公共団体が共有する「子どもの安全」に対する責任の下に行われることであり、いずれの手続きにも永続的な決定権があるわけではなく、段階的・時系列的な手段としての調整行為であることを明示し、時間的な見通しを示すことも重要である。

　こうした対応経過を通じて、保護者は自身が置かれている条件や、自身が有している権利や権限と、行政機関が有している権限を冷静に理解していくことが重要である。

　パワーアップ・アプローチにおいては、子どもの安全確保に関する制限はあるが、明確な支援計画が示される点で、保護者の感情や動機づけの内容・程度は評価しやすいかもしれない。ただし、人の心はうつろいやすく、それまでの介入の強い圧力下で感じてきた制約や抵抗感情は、時間差をもって表面化することもしばしばである。いずれにしても、当事者の本音に忠実に焦点を当て、当事者自身の健康な資質をできるだけ生かす、当事者自身の様々な感情・動機、支援関係の実相にオープンかつ率直・公平に対応することが重要である。

13 当事者は提案される支援に関して起こる変化について動機づ

けられているか

12に続けての評価・チェック項目である。いずれにしても、これまでの経過、現時点での状況評価、今後想定される事態と、それについて、明確に言葉で相互確認できていること、こちらが想定している反応、それぞれのチェックポイントを整理・確認することがこの作業の要点である。

特に、事態の推移によって、関係性も個々人の意識・無意識の感情も移り変わっていくこと、支援者が常に事態全体の状況把握ができているとは限らないこと、特に事態の推移に関しては、常に予測範囲外の偶発的なことも含めた様々な出来事があること、それらは当事者をめぐるストレスの総量、増減に関わってくることをよく認識しておくことが重要である。

これらの主要な領域を、リミット・マネジメント、リミット・ルールが概ね収納できているかどうかに注意を払う必要がある。

◉モニター、反目標（リミット・チェック）
　──チェック項目と要点⑥

14 支援方針についてのモニター評価指標、反目標（リミット・チェック、リミット・ルール）は設定されているか

すべての診断分析（リスクダウン）型アプローチ、解決志向（パワーアップ）型アプローチは、常に具体的な設定期間（タイムライン）を通じて、事態の状況、成り行き、支援の実効性の評価を行うと同時に、どのような意図・計画においても常に、その見込みが外れた場合の兆候確認（反目標）と、即座な情報共有および、具体的な対

応行為とそれを発動させる条件（リミット・ルール）を明確にしておくこと（リミット・チェックおよびそのマネジメント）が必須である。

　想定外の事態が生じた際に、それを結果的にも想定外としてはならない。想定外の事態には、「想定外事態には」という項を設けて意識的な業務手順（リミット・ルール）を設定しておくことで、最低限度、完全な想定外にはなりにくいことを心がけることがリミット・マネジメントの要である。

3-8
介入型ソーシャルワークにおける
支援の段階設定

　解決志向型アセスメント・アプローチ（パワーアップ・アプローチ）において、何らかのアセスメントが成立し、具体的な支援作業に着手する段階からの作業につき、これまでの日本の児童家庭福祉行政サービスでは、様々な調査研究とそれに基づく通知等によって、基本的な考え方・手順が示され、「厚生労働省：子ども虐待対応の手引き 平成25年改正通知版」にそれらの要旨が示されてきた。

　ただ、それらの情報は、支援の全体像としては、趣旨や目的、様々な支援状況において展開されてきた専門的手法の紹介が中心で、具体的な業務フローに落とし込めるまでの手順整理は各自治体での検討に委ねられてきた。

　この点、特に支援への反応が乏しいネグレクト事例での作業手順

が現場ではあいまいなままとなっており、以下に一定の整理をしておきたい。

解決志向型（パワーアップ）アプローチにおけるリソース／ニーズ・アセスメントから開始する支援の手順は概ね以下の4段階に分けられる。

1 コンサルタント段階（当面の目標　中・長期の目標をどこに置いて提案するか）

2 支援開始段階（具体的な問題解決・改善のための活動に入る）

3 ネットワーク：資源管理活動（関係機関の調整・情報共有・協働）の開始とその運営・進行管理

4 周期的な見直し評価とリミット・マネジメント

上記支援手順の概要を図示すると**図表3-4**のようになる。

解決志向型（パワーアップ）アプローチにおける支援の4段階の手順は、便宜的に設けられた大まかな段階で、実際の事例においては、より具体的で細かな段階や手順が設定されるのが普通であるが、この大まかな区分は進行状況を基本的に評価する上では重要である。以下に概要を説明する。

1 コンサルタント段階（当面の目標　中・長期の目標をどこに置いて提案するか）

リソース／ニーズ・マネジメントから、アセスメントを立てたら、直ちに支援計画を立て、具体的な手順を検討し、まず支援者に現状評価を伝え、具体的な目標についての提案を示し、作業計画を話し合うことになる。同時に関係機関や今後の支援

図表 3-4　ケースアセスメント⇒マネジメントの観点

1. 当面の目標　中・長期の目標をどこに置くか　　　　コンサルタント活動

- 保護者へのアセスメントの提案　今後の治療・支援契約の実施
  目標　期間　方法をどうするか
  現在の問題をどう理解して、何に焦点を当てて　誰と取り組むか
  関係機関の調整・協力、情報共有、当面の評価期間の設定
- 子どもへのアセスメントの提案　通所指導・心理治療　治療契約はどうする
  現在の問題をどう理解して　何を設定して取り組む

関係機関の調整・協力、情報共有、当面の評価期間の設定　　資源管理活動

2. 表面的な問題と背景的な問題の何をどこまで扱うか見極めつつ具体的な
   問題解決・改善のための活動に取り組む

3. リミットマネジメント　反目標を何に置くか　　　　支援活動

4. 支援効果の評定基準の設定と評価・見直し時期の周期決定
   ⇒進行管理　⇒　必要に応じて再アセスメント　⇒進行管理　評価活動

者との情報共有や連携方法についても調整を開始することになる。

　しばしば、この作業開始をもって支援の開始と位置付けることがあるが、この作業はいわば、レストランに入ってきた客を席に案内し、メニューを見せて提供できる料理の説明をしている段階にたとえられる。つまり広義には支援開始であるが、まだ実際の支援作業が始まったわけではなく、いわば作業準備の段階で、これから始めようとしている支援についての説明、提案、動機づけを行う段階であると認識しておくことが重要である。

長期にわたって具体的な支援が展開せず、結果的には、いずれの提案をも受け容れないで停滞しているネグレクト家庭などでは、しばしばこの段階を延々と繰り返している。これは具体的な支援に行き詰まっているというよりも、その前のコンサルタント段階（当事者の作業参加はまだ開始していない）で行き詰まっていることを理解する必要がある。

◉保護者へのアセスメントの呈示　今後の治療・支援契約の実施：目標期間の設定　方法をどうするか

　家庭養育の不調に対してはまず、保護者・養育者に、支援者が立てた見立て（アセスメント）を具体例を示しながら説明することが重要である。この際、示される見立ては、保護者に対しては提案であり、実際に養育している当事者が、例示やその解釈を聞いてどの程度、得心がいくか、納得するかが重要である。作業としては、この段階で、当事者との合意確認をもってアセスメント（案）はいったん確定する。

　アセスメントが微修正や今後再検討すべき事項も含めて一定の合意に達したと判断できたら、事後の支援の契約作業に移る。この際、介入型ソーシャルワークにおける支援は、いつでも、どこでも、子どもの安全保障が最優先であり、必要があればいつからでも子どもの一時保護があり得ることが基本的条件であることを関係者全員が確認していることが重要となる。

　ここから具体的な作業手順の協議を始める。目標、期間、現在の問題をどう共通理解し、何に焦点を当て、誰と取り組むか、

関係機関の調整や協力、情報共有、当面の評価期間の設定をどうするかなどを決める。

明らかにこの作業において当事者の動機づけの程度、当事者が支援者の参入を好意的に迎え入れようと思うかが重要となる。

子どもの発達や心理面、能力面の査定、アセスメントの提案とその結果としての親子の通所指導・心理治療の提案や治療契約をどうするかもこの時点での課題である。現在の問題をどう理解し、何を設定して取り組むかが支援者側にとっては重要だが、当事者側にとっては、子どもも含めて、提示される計画に応じて様々な生活行動を合わせることに、どの程度、許容的か、積極的か（懐疑的 受動的か）が重要となる。

2　支援開始段階（具体的な問題解決・改善のための活動）

支援が開始されるにあたって重要な要素は時間計画である。誰が、いつ、何をするか、いつまでに何を実現することを目標とするか、その評価に合わせて次の設定をどうするか、具体的な進行管理が必要となる。

この際、全員が共有確認しておくことの一つが「子どもの安全の優先」である。解決志向型（パワーアップ）アプローチは、必ず併行して診断分析型（リスクダウン）アプローチの管理下に置かれ、子どもの安全に疑義が生じれば、直ちに報告され、緊急一時保護を含む介入的な安全確保措置がとられることが条件となる。支援の関係性への配慮からの忖度、妥協、あるいは単なる個人的経験からの直感的な例外的判断は、子どもの安全に

関しては認められない。

3　ネットワーク・資源管理活動（関係機関の調整・協力、情報共有）

　　日本の児童福祉サービスでは、支援過程における関係機関の連携、社会資源の投入過程での情報管理・情報共有は、それぞれの担当機関、担当者の主作業に付随する活動、支援活動の一部と位置付けられてきた。これに対して裁判所が親権の審査・管理権限を持ち、支援機関は子どもと家庭養育に関する情報を裁判所に報告しなければならないアメリカ合衆国の多くの州では、支援途上で投入される社会資源の状況や、それに関係する各機関の情報共有、連携状況は、独立して管理・運営されるべき課題と位置付けられており、それを専任で担当するコーディネーターやマネージャーが設定されていることもある。特にネットワークによる連携活動では、しばしば関与局面の違いや、フィードバックされる情報の違い、地元の関係者間の利害関係の違いなどから意思疎通を欠いたり、見解の相違を生じたりしやすいと認識、重視されており、その運営には一定の権限を持った中立的なコーディネーターやスーパーバイザーが必要であると認識されているようである。日本でもごく一部の児童相談所では、要保護児童対策地域協議会の市町村関係機関と児童相談所との連携に関するコーディネーターを配置しているが、まだまだ、この作業領域を独立の重要領域と位置付けているところは少なく、今後の検討課題である。

4　周期的な見直し評価とリミット・マネジメント

　支援活動の継続的な効果評定と支援方法の修正を繰り返す進行管理は、PDCA サイクルを使っても使わなくても、類似の進行管理手順を一つの機能単位として意識的に運用することになる。多くの現場では、特定の措置行為の区切りの場面で、それまでの経過と今後の見通しを措置解除や指導の開始、終結などの妥当性を判断する時点での作業としては行っているが、それ以外の継続中の場面で、期限や評価基準を設定して進行管理をすることは、何らかの既存のプログラムが実施されているような際にごく一部で行われているのみであるとみられる。

　この設定が進行管理におけるリミット・マネジメント、すなわち一定の支援方針を決定するアセスメントの有効性・無効性についての吟味の機会設定と連動する。この点を考えると、ケース・マネジメントにおける期限付きの再吟味、リミット・マネジメント、リミット・ルールの設定を恒常化することが重要である。

3-9
初動時点および
その後の対応中の
クライシス・マネジメント

　クライシス・マネジメントは、診断分析アプローチに属する、最も緊急のリスクダウン・アプローチである。クライシス・マネジメントは緊急対応であるため、アセスメントの段階を省き、マネジメ

ントの途上で緊急対応の判断（緊急調査保護の要否判断）を行う。対応開始からおよそ1～2時間程度内の判断作業範囲となる。

　クライシス・マネジメントの基本は、最悪事態想定の2項目への対応から始まる。
　①すでに最悪の事態が発生しているとして、それを知るためにはどうすればよいか
　②この直後に最悪事態が迫っている危険性があるとして、どのようにしてそれを察知し、防ぐことができるか

　①については、子どもの目視現認の即座な実施が最優先である。通告受理からの初動対応では、これは基本的作業となるが、通告ではなく保護者からの相談で開始した事例や、過去に通告歴があっても、現時点の相談が養育困難として相談受理されていた場合、安全確認作業が必須とならず、実は初動対応の貴重なタイミングを失っている場合がある。
　さらに、初動から時間がたち、様々な支援が継続中の事例の場合、過去には通告から相談が始まっていたとしても、その後の相談経過によっては主訴が養育困難に変更されていたりして、ある時点での子どもの安全の疑いについての連絡が、すぐには「虐待通告」として扱われず、参考情報の提供などとして扱ってしまった場合、やはり初動対応の貴重なタイミングを失う場合があり、要注意である。
　②の近い未来に迫る危機というリスクへの対処では、単一の、しかも限られた時間内の情報だけでそれを察知することは難しく、目

| 114 |

視現認と共に周辺情報や類似の過去の経験知に基づく判断が必要となる。これについては、あらかじめいくつかの危険兆候を条件化しておくことや、緊急調査保護の前提となる子どもの安全リスクや、養育者のストレングスについての問題兆候を前提として、その時点での事態の把握の難しさや、その後の継続的な安全確認が困難とみられるような場合、積極的な調査保護の判断をする必要がある。

これまでの規定では、性的虐待・家庭内性暴力被害の疑いについての初動対応では、期限を切った調査保護の積極的活用の有効性が児童相談所における性的虐待対応ガイドラインの開発時の試行実施とガイドライン発出後の検証で確認されており、これは国の規定として手順化されている[6] が、そもそも機転が不明確な子どものケガや、継続的な安全確認が保障されない生活状況、養育者のストレングスの基本項目に深刻な信用性の問題があるような場合、初動対応時か、支援途上時かにかかわらず、たとえ数日の期限設定でも、いったん調査保護を実施して、状況把握することが望ましい事例があると考えられる。

3-10
マネジメント、アセスメント作業を軸とした対応過程の見える（チャート）化

リスクダウン（診断分析型）アプローチでも、パワーアップ（解決

---

6) 厚生労働省「児童相談所における性的虐待対応ガイドライン 2011 年版」、平成 25 年厚生労働省改正通知「子ども虐待対応の手引き」。

志向型）アプローチでも、リミット・チェックでもその作業におい
ては、マネジメントとアセスメントが循環する。初期の緊急のクラ
イシス・マネジメントから、診断分析過程としてのストレングス／
リスク・マネジメントとアセスメント、支援過程としてのリソース
／ニーズ・マネジメントとアセスメント、それらに並行したリミッ
ト・マネジメントとアセスメント、場合によってはそこから支援途
上のクライシス・マネジメントの発動まで、このすべてが、連続的
に循環・機能する過程として運営・展開されることが重要である。

　これらの過程は、従来の支援型ケースワークの手順：自発的・任
意の相談依頼に始まる手順を原則とし、個別事例ごとに当事者と担
当者の間で展開する様々な揺らぎを前提として許容しつつ進められ
る臨床的な相談支援型ケースワークと違い、確実な子どもの安全確
保のための子ども、親権・養育者への行政権限の行使と、健全育成
達成のための安全な養育の確保を旨とする。その手順は常時、一定
の根拠をもって運用・進行管理される過程であり、その一貫性と共
通性は、支援型ケースワークのような個別・個人的な揺らぎを許容
しない。

　この連続する支援過程を確実に運用するため、特に初心者・新人
の担当者が担当する場合には、基本的な手順チャートによって、現
在、進みつつある作業過程の位置を確認しておく必要がある。同時
に OJT を含むスーパーバイザーも、このチャートを共有すること
で、チーム全体の作業過程をズレなく共有することができる。

チャートとその概要説明

❶　マネジメントとアセスメントのフロー構造　概要図としては図1のようになる。初動は左上のクライシスマネジメントから開始し、診断分析型アプローチによる、ストレングスとリスクを見立てるリスクダウンアプローチを展開する。ただし、診断分析型アプローチはこの時点からリミット・マネジメント、リミットアセスメントによる作業全体に対する併行管理にも分岐していることに注意が必要である。

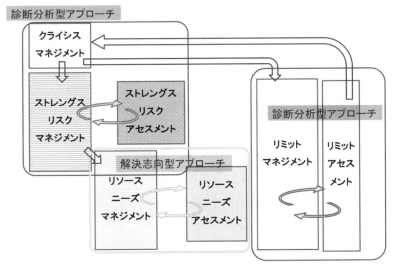

❶　マネジメントとアセスメントのフロー構造　概要図

❷・❸　通告受理、およびリミットアセスメントからの緊急要請に対応してクライシスマネジメントがまず発動される。これは対応開始からおよそ1時間以内程度の緊急即応の対応であり、その課題は緊急の調査保護の判断・実施である。この判断に対応する児相・市町村共有のセーフティアセスメントツールの活用も重要課題となる。

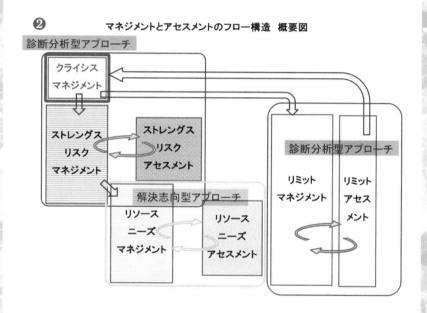

❷　マネジメントとアセスメントのフロー構造　概要図

❸ マネジメントとアセスメントのフロー構造　概要図

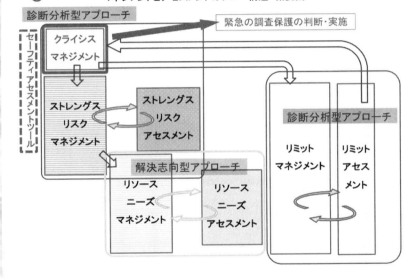

❹・❺　初動の緊急性がクライシスマネジメントとしての即座な対応とまでならないと判断された場合、48時間以内のストレングスvsリスクのマネジメントとアセスメントの対応となる。多くの通告受理からの初動対応はこの過程で、子どもの安全問題の検討を経て、一時保護か在宅支援かに分岐する。現行のリスク・アセスメントシートは概ねこの作業過程に対応している。この時点で先のクライシスマネジメントの要件はリミット・マネジメントの併行対応に分岐する必要があることを忘れてはならない。よく言われる想定外事態はリミット・マネジメントの対応課題であり、いつの時点で対応をクライシスマネジメントに戻すかが問われているのである。

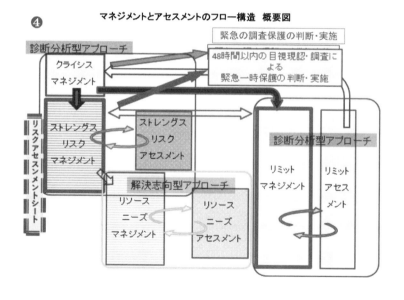

❹　マネジメントとアセスメントのフロー構造　概要図

第3章 介入型ソーシャルワークの基本

❺ マネジメントとアセスメントのフロー構造　概要図

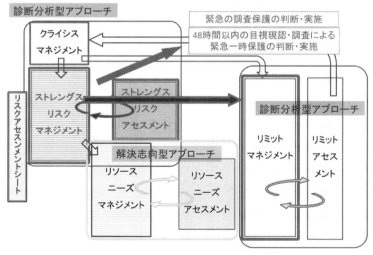

❻　初動時からのマネジメント作業はそのまま、リソース・ニーズマネジメントに移行していくことになる。結果的にそのアウトプットはストレングスvsリスク・アセスメントから、リソース・ニーズアセスメントに移る。この段階は診断分析型アプローチがリミット・マネジメントへ移り、診断分析型アプローチだった活動本体のマネジメント：子どもの安全問題についてのリスクダウンアプローチから家庭養育と子どもの健全育成の達成：パワーアップのための解決志向型アプローチに移行する。子どもの安全の絶対優先を条件に管理・指導的な条件下での家族維持と親子関係の修復、より充実した家庭養育の構築を目指す作業が始まる。

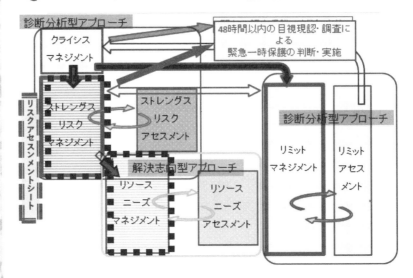

❻　　　　マネジメントとアセスメントのフロー構造　概要図

❼・❽・❾　ここで、親子へのかかわりに家族維持・養育支援に向けた家族の当事者参画によるパワーアップアプローチが導入される。ただし、この条件設定の大前提は、リスクダウンアプローチから推移してきた子どもの安全確保についての絶対要件であり、それはこの作業に併行しているリミット・マネジメントに委ねられる。また、子どもの安全問題と家庭養育機能については5項目調査として仮にまとめられてきた家族と子どもの養育全般についての調査・検討に重点が置かれる。

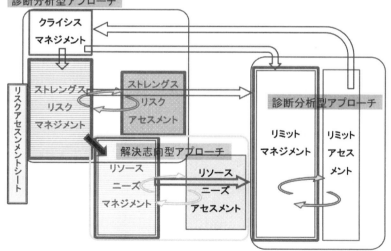

❼　マネジメントとアセスメントのフロー構造　概要図

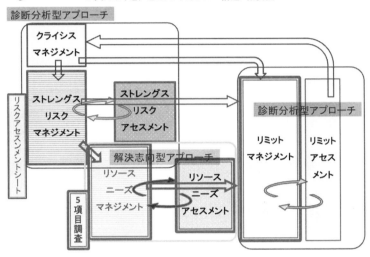

❽　マネジメントとアセスメントのフロー構造　概要図

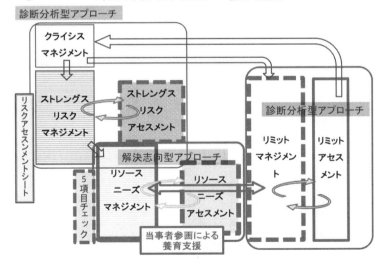

❾　マネジメントとアセスメントのフロー構造　概要図

❿子どもの安全確保維持を絶対要件とした当時者参画による養育支援は、在宅だけでなく、一時保護中、施設入所中からも開始される解決志向型アプローチである。ただし、この作業は常時、リミット・マネジメント、具体的なリミット・ルールの設定下になければならず、安全・安心に何らかの課題が生じれば、直ちにリミット・マネジメントによる診断分析型アプローチを機能開始しなければならない。

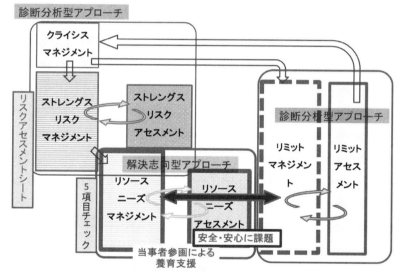

❿ マネジメントとアセスメントのフロー構造　概要図

❶もしもこの段階で、子どもの安全についての課題がリミット・マネジメントを通じて、子どもの安全についての慎重な安全確認作業が必要と判断されるなら（リミットアセスメント）

❶　　　　マネジメントとアセスメントのフロー構造　概要図

診断分析型アプローチ

クライシス
マネジメント

リスクアセスメントシート

ストレングス
リスク
マネジメント

ストレングス
リスク
アセスメント

診断分析型アプローチ

リミット
マネジメント

リミット
アセス
メント

5項目チェック

解決志向型アプローチ

リソース
ニーズ
マネジメント

リソース
ニーズ
アセスメント

安全・安心に課題あり

安全の確認
が必要

当事者参画による
養育支援

| 126 |

❷対応体制は直ちにクライシスマネジメントの緊急発動へと移行しなければならない。この際の気づきから判断・対応開始までのタイミングと判断から目視現認までの所要時間が重要となる。以上が全体的な作業上のチャートとなる。

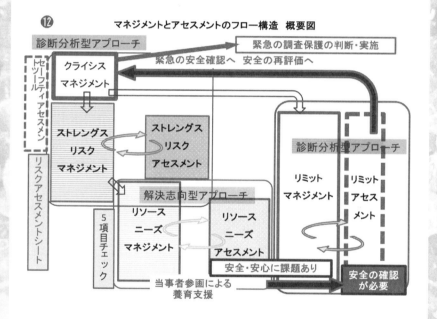

❷ マネジメントとアセスメントのフロー構造　概要図

第 **4** 章

通告と調査の手順

子ども虐待相談において初期からの診断分析アプローチ（リスクダウン・アプローチ）における調査については、平成25年厚生労働省改正通知による「子ども虐待対応の手引き」、その後令和6年にこども家庭庁通知によって一部改正が行われた同手引きに詳しく示されている。ここでは手引きの内容そのものを詳しく検討することはせず、手引きの内容を実務上の作業手順に落とし込むための整理を試みたい。

4-1
初動7項目
──通告受理直後の手順①

　通告受理直後の緊急受理会議から、子どもの目視現認による安全確認過程の手順は、相談現場においては必須のものであり、各地で何らかの手順化が行われているが、その統一的なひな形の呈示や実証的な手順の吟味は国レベルでは行われていない。各地で使われているリスク・アセスメントのチェック項目は、経験的な頻度調査のデータから組まれた段階に概ね留まっており、その評価が実際の業務でどの程度、有効なリスク兆候の発見となってきたかの検証を通過していないという課題も残っている。これについては次章で述べる。

　まず、通告受理機関では、概ね以下の作業が最初の作業手順となる。

1 子どもの氏名確認　所在　現況　問題経過（直接・伝聞・推測情報の区別）

2 家族の住所、家族構成員の氏名・年齢、居住状況と現在の所在

3 子どものきょうだいの所属、現在の所在、現状確認（住基・戸籍の確認）

4 就学前：健診歴　母子保健機関の情報　問い合わせ確認

5 関係機関の家族情報：転居・転入歴がある場合、過去の居住地確認と情報収集開始

6 子どもや家族に関係する福祉機関での相談歴確認

7 目視現認結果とリスク・アセスメントチェックによる初期対応判断

以下に各手順について項目に従って整理したい。

1 子どもの氏名確認　所在　現況　問題経過（直接・伝聞・推測情報の区別）

　まず、通告された子どもを特定し、所属場所や現在の居場所とその状況を把握する。また、ここで通告された問題経過情報についてはリスク・アセスメントに落とし込まれる際の情報整理が重要である。例示して説明する。

例●ある朝の学校からの通告

　今朝、8時40分に登校してきた4年2組の〇◆太郎君、校門で担任が「おはよう」と声をかけたところ「ああ……」といつもと違う元気のない返事、担任が「太郎君どうしたの？」と近づくとおでこの左側が赤くなって腫れているのを発見、「太郎君、そのおでこどうしたの」と尋ねたところ、太郎君が「オトンに叱られた、痛い」と答えた。担任が前髪をあげてみたところ、赤く腫れてかなり痛々しい感じに見えたので、保健室に連れて行った。養護教諭の見立てでは、まだまだ腫れそうな熱を持った状態で、病院受診した方がよいだろうとのこと。担任がどうしたのかと太郎君に尋ねたところ、「夕べ、オトンに叩かれた。言われてた用事を忘れてて叱られた」と話す。太郎君の話では一昨日の夜、いつまでもゲームをしていて最後になった入浴後に、父から風呂の湯を抜いて、明日の夜までに風呂掃除をしておくように言われていたとのこと。昨日の朝にも念を押されていたらしいのだが、太郎君は風呂の湯は抜いたが、風呂桶は洗っていなかった。そのまま夕べも夕食後ゲームをしていたところ、いきなりゲーム機を弾き飛ばされて父から約束の風呂掃除はしたのかと怒鳴られ、とっさに「やった」と言ってしまい、よけいに父が怒り出し、そのとき父が持っていたテレビのリモコンでおでこをゴンとされた。とても痛くて怖くて、泣きなら自分の部屋に行き、そのまま寝た。今朝起きてからもおでこがズキズキ痛かったので、両親に痛いと言ったが「さっさと学校に行け！」と言われたので登校してきた。とのことであった。

　太郎君の傷は病院に見せた方がよいと養護教諭が話している。現時点でも腫れがだんだんひどくなってきており、保健室で静養させている。意識は清明である。救急車を呼ぶほどの緊急性は感じられない。すぐに見に来てもらえるだろうか。

●初動調査における情報整理３分類

　このような通告を受理したら、受理機関側は直ちに通告情報を情報整理する必要がある。**直接情報**、**伝聞情報**、**推測情報**の３区分である。

❖**直接情報とは**

　通告者である学校教員等が直接に視認し、本人から聴取した言葉。学校教員が見たおでこの傷や職員が聞いた太郎君の発言がこれに当たる。人物特定にあたって報告（通告）者と発信者が違う場合はその両方の人物とその時、場所を特定することも大切である。

❖**伝聞情報とは**

　太郎君から学校教員等が聴取した、"ケガをした経緯の説明内容"がこれに当たる。太郎君が教員の質問に対して報告した言葉そのものと教員の質問は直接情報だが、太郎君が報告した出来事の内容は伝聞情報であり、裏付けが必要となる。

❖**推測情報とは**

　一見、事態は単純なようにみえるが、太郎君のおでこの腫れが、昨晩の父のテレビリモコンの殴打によるものかどうかは、推測情報の段階にあり、調査による確認と判断が必要となる。（誰が いつ 何をして、こうなったか）

これらの情報整理は直後の目視現認を含む事実認定において重要な事項となる。特に記憶が鮮明なうちに事実誤認や推測が混じりやすい情報をまず確実に把握し、記録することが重要である。同時にその時点では確認が間に合わない情報についても、一定の範囲で必要な情報を収集・整理し始める必要がある。

2 家族の住所、家族構成員の氏名・年齢、居住状況と現在の所在
3 子どものきょうだいの所属、現在の所在、現状確認（住基・戸籍の確認）

本人確認と事実情報の収集・整理と並行して、家族構成員とその居住状況の確認、父母の連絡先の把握、現時点でのそれぞれの人物の所在場所（就労状況や勤務先、学籍や通所・通園場所）の確認が必須である。きょうだいに関しては、同居する子どもが今、報告されている事態にどのように関与し、影響を受けている可能性があるか、さらにそれぞれの子どもの安全・安心に関して同時調査、場合によっては緊急同時保護の必要性の判断が含まれる。家庭内性暴力・性的虐待の疑い通告の場合、同性のきょうだいは当該の子どもが一時保護になる場合には同時保護を検討すべき対象者となる。

これらの調査の際、住民基本台帳による家族の照合確認、移動歴の確認、および一定の時間差はやむを得ないが、戸籍による親族関係と親権関係の把握が重要である。多くの市区町村の養育支援ベースの通告受理ではこれらの情報の把握と取り扱いが統一されていない。子どもの安全に関する通告での調査では、住民票と戸籍の確認は基本事項として標準化する必要がある。

4 就学前健診歴　母子保健機関の情報　問い合わせ確認

　通告された子どもの年齢が幼い場合、健診等の受診歴は直近の公的な情報源となる。また子どもの年齢に関係なく当該の子どもの出生直後からの養育に関する実績の評価としても重要な情報である。健診結果、健診時のエピソードや観察情報、アンケートや問診の内容、精密検診の実施の有無、事後指導の状況なども併せて重要な情報だが、年齢が高く、時間が経過している場合、記録の確認に時間がかかる場合も多く、早め早めの問い合わせが必要となる。問い合わせに際しては必ず相手方の氏名、事後の相手側連絡担当者の氏名、問い合わせ側の氏名と事後の受電者の明示確認をしておくことで、情報のズレや行き違いを防ぐことも必要である。

5 関係機関の家族情報：転居・転入歴がある場合、過去の居住地　確認と情報収集開始

　転居歴のある家族の場合、時系列に居住地をたどって、いつ、どこで健診や接種の対象となったか（サービスは住民票の移動と連動することに注意）、いつ、どこで実際に受診したか探索し、各自治体、機関に対して調査依頼を出すことになる。手間のかかることではあるが、当該家族の養育の実績歴としては重要な情報である。親族支援のあった場所では確実に受診されていたが、養育者だけになった時点で、何も実施されなくなった経緯など、初期段階ではこうした調査によってしか確認できないことがある。

6 子どもや家族に関係する福祉機関での相談歴確認

通常、通告を受理した機関は、まず、自身の機関で、あるいは関係する機関で、その子どもに関する相談歴があったか、ほぼすべての事例で調べている。ただ、きょうだいや親族まで広げて、あるいは離婚歴などで苗字が変わっている場合、転居歴をさかのぼってまでの探索となると、当該機関の情報探索能力の強化が必要となる。

今後、この点で留意すべきは子どもの母の DV 等の相談歴である。警察以外の配偶者暴力支援に関する相談窓口で誰かが自身の DV 被害について相談した場合、同居する子どものエピソードは補足的な情報であり、主たる情報ではない。子の安全について切迫した具体的危険が開示された場合には通告もあり得るが、通常は相談者の相談情報の守秘義務の中に埋もれていることが多い。また転居歴が多い場合、現在の居住地以外で DV 相談があったとしても、継続した相談関係がない限り、転居先にその情報が提供されることは無い。これらの問い合わせには現住地の DV 相談機関から問い合わせてもらうことも検討範囲内である。例外は警察から児童相談所への通告歴である。これについては児童相談所間で問い合わせれば、過去の通告歴についての情報提供を受けられる可能性がある。

7 目視現認結果とリスク・アセスメントチェックによる初期対応
　判断

目視現認と諸情報の収集による緊急安全確認時のリスクの見立てについては、こども家庭庁発出の「子ども虐待対応の手引き（令和6年4月）」(https://www.cfa.go.jp/assets/contents/node/basic_page/field_ref_resources/

c0a1daf8-6309-48b7-8ba7-3a697bb3e13a/0635895f/20240422_policies_jidou
gyakutai_hourei-tsuuchi_taiou_tebiki_22.pdf）と、厚生労働省の委託による
調査研究（2020）による「（国立研究開発法人 産業技術総合研究所）児童
相談所と市区町村で共通利用可能な 安全確保の必要性チェック
シート」およびその手引き書「児童相談所と市区町村で共通利用可
能な 安全確保の必要性チェックシート利用ガイドブック」（チェッ
クシートも掲載、https://www.cfa.go.jp/assets/contents/node/basic_page/field_
ref_resources/bfc73764-a0f7-4bbb-b04b-e63e11829e14/c09fc503/20231016_polici
eskosodateshienchousasuishinchosar03-01_s22.pdf）を参照してリスクとス
トレングスの最初の見立てを行い、緊急介入による児童保護の必要
度、子どもと保護者へのアプローチを開始する具体的手順を確保し
ていただきたい。

　リスク・アセスメントについては、法と国の手引き等に従って判
断する権限が各自治体の児童福祉機関に与えられており、その権限
責任において行われていることについては、個人情報の守秘義務に
基づき、各行政機関内に保持されており、ここで検討の対象にする
ことはできない。例えば死亡事例検証等と同じように各権限責任機
関が自ら取り扱うべき課題と考える。

　実際に実施されているリスク・アセスメント全般の実証性・妥当
性についても、各自治体で閉じられた評価情報が保持されている可
能性がある。ただしそれらは公開されておらず、その検討・検証を
行うべき基礎データが公表されていない。今後の取り扱いについて
は検討すべき課題であろう。

4-2
通告の守秘
──通告受理直後の手順②

　通告直後の安全確認の際の最初の情報収集は上記７項目が基本である。ただし、この対応に併せて通告受理機関はまず、通告者の守秘義務についての扱いを決定しなければならない。日本の虐待防止法では、一般市民の通告について、誰が通告したか、通告受理機関はその情報の秘匿を保障することで、通告に際しての対人的・社会的なストレス、トラブルから通告者を守る規定を設けている。これは国際的にもほぼ統一されている考え方・制度であるが、同時に日本以外の国では、一般市民と区別して、学校や病院、子どもの活動に関わる団体職員など、子どもに関する何らかの公的責任を有する人たちには、子どもの安全に問題があることに気づいたら直ちに通告する公的な義務責任を負う規定が設けられ、その義務行為は公開が原則で、もし不作為があった場合には責任を問われることが規定されていたりする。日本にこの規定は無く、むしろ保護者との信頼関係を損なうおそれから、通告を一般市民と同等に秘匿することが各機関から強く要請されてきた。

　これについて、通告受理機関は保護者・養育者・親権者に対する基本的な対応として、公的機関の通告を隠して対応するのか、通告の事実を明示して対応するのかが、初動の段階の重要事項となり、それを決定確認して対応することが必要となっている。

極端な場合、通告を隠すために事実と相違する説明を保護者にしなければならない事態も発生し、行政行為の明示性・透明性、正確な説明責任に問題を生じかねない状況がある。

　ここではとりあえず、公的機関の通告を保護者に対していったん守秘とする場合の、通告受理機関の説明について、次ページ以降にひな形を示し、事実に相違する不適切な告知を防ぐ手立ての一助としたい。

通告による安全確認の説明例　先の〇◆太郎君についての告知例

　通告事例の例示とした太郎君は緊急一時保護となる可能性が高い事例なので、実際に児童相談所が太郎君を緊急一時保護した際の保護者への告知例として例示する。

　おとうさん、おかあさん、急なご連絡で驚かれたと思いますが、太郎くんについてのご連絡に応じて来所していただきありがとうございます。

　今朝8時50分、通告により、ここにいる▼△が〇◆太郎君を△▽小学校の保健室にて現認しました。その際、確認したのがこのような額の傷です（写真を呈示）。児童相談所としては、このような状態については太郎君の安全確保と事実調査のための緊急の一時保護が必要と判断し、太郎君を児童福祉法第33条の規定に基づく一時保護とし、現在、太郎君は病院受診中です。

　このケガについてご両親が知っていることを教えていただきたい。

　児童福祉法では子どもさんの養育について、まずその第一次的責任がご両親にあること、併せて、国・地方公共団体は保護者と協力して、子どもの最善の利益、安全・安心の生活の保障、健全育成の達成を保障する共同責任を負うことが規定されています。この責任において私たちは協力して子どもさんの安全と健全育成を達成する責任があります。

この責任のもと、太郎君の安全について今後どうしたらよい
のかご相談を進める必要がありますので、ご協力いただきたい
のです。

　なお警察はこの太郎君のケガについて規定により既に知って
おり、独自に捜査を開始する可能性があることもお伝えしてお
きます。

事後の保護者対応の基本例

Q：通告により、と説明があったが、学校が通告したのか？

A：法によりお答えできません。

Q：8時50分に小学校の保健室で太郎を見たと言いましたが、
　　その前に通告があったということですか？　それは何時の
　　ことなんですか？

A：8時20分に通告受理しています。

Q：どんな通告だったのか　内容を教えてほしい

A：具体的な内容については法によりお答えできません。太郎
　　君の安全に問題が発生していることを知らせる通告です。

Q：学校はこの通告をいつ知ったのか？

A：申し訳ありませんが通告についてはこれ以上何もご説明申
　　し上げられません。

Q：今、太郎は病院受診中と聞いたが、どこの病院を受診して
　　いるのか？

A：お答えできません。適切な調査を実施する上で、事実関係
　　の利害当事者であるご両親と太郎君を今すぐに会わせるこ

とは適切と考えていません。適切な時が来たらすぐにお会いできるように手配します。

　診察結果や状態については分かり次第、すぐにお伝えします。緊急に親権者の承諾を要するような医療処置の必要が生じればそれもお願いすることになります。

Q：今、太郎がどんな状態でいるのか、親である私たちが傍にいてやれないということですか？

A：お気持ちは察しますがそういうことです。

　なによりもまず、この太郎君のケガについてご存じのことを全部聞かせてください。

Q：これは取り調べなのか？

A：取り調べではありません。どうすれば太郎君がより安全におうちで生活できるようになるか、このような危ない目にあわないでやっていけるようになるか相談していくための調査とご相談です。

Q：相談というのはこちらからお願いして始まることではないのか？

A：普通の相談の場合は概ねそうです。今回の相談は子どもの安全に心配な問題があったということから始まっており、これは児童福祉法、児童虐待防止法の規定に基づいて国・地方自治体の権限で開始されています。

| 143 |

4-3

家庭訪問による安全確認
──通告受理直後の手順③

　通告を受けた子どもが在宅で、保護者の下に居る場合、安全確認責任機関は、保護者とまず接触し、通告に基づく安全確認調査の告知を行った上で子どもの安全についての調査を実施しなければならない。

　この作業に入るには上記7項目の1～6に加え、以下7～9の作業を行っておく必要がある。

1　子どもの氏名確認　所在　現況　問題経過（直接・伝聞・推測情報の区別）

2　家族の住所、家族構成員の氏名・年齢、居住状況と現在の所在

3　子どものきょうだいの所属、現在の所在、現状確認（住基・戸籍の確認）

4　就学前：健診歴　母子保健機関の情報　問い合わせ確認

5　関係機関の家族情報：転居・転入歴がある場合、過去の居住地確認と情報収集開始

6　子どもや家族に関係する福祉機関での相談歴確認

7　子どもの安全問題の内容に暴力が関与してきたか

8　父母の遵法性と暴力性・反社会性の評価のための情報があるか

9 父母の所在・家屋の状況　立ち入り調査となった際のシナリオの準備

（10. 目視現認結果とリスク・アセスメントによる初期対応判断）

　児童相談所は通告を受けた子どもの安全確認を実施する際、必要に応じて個人の家屋内やその他、私的な環境内に立ち入って子どもの安全確認を実施する権限を持つが、市区町村児童福祉機関はその権限を持たずに子どもの安全確認を実施することが求められる。いずれも保護者にとってはいきなり見知らぬ者が押しかけてきて、私的な家屋内において一方的に子どもへの安全確認作業を行おうとする事態であり、保護者からの強い反発が予想される。

　児童相談所はとくに権限による強行性を持つため、家庭訪問に警察官の臨場を要請することができる。この要否判断の基礎項目が7、8である。立ち入り調査による安全確認には9の事前準備が必要となる。これは警察官の臨場によることが概ね前提となる。

　家庭訪問による子どもの安全確認の場合、上記準備に加えて、訪問者はまず、保護者に自分たちの身分を明らかにし、通告による子どもの安全確認に来たことを告知し、保護者からの事情聴取も行いながら、子どもの様子を見せてほしいと要請しなければならない。この時点で、通告情報の秘匿か公開かの取り扱い、保護者への調査・聴き取りの初動の筋書きも必要である。

　もしも、この途上、子どもの安全に重大な問題がある兆候を発見した場合には、その場で子どもをめぐって保護者ともみあいになるなど、子どもの安全に更なる危険を生じさせないことが最優先で、

そのために警察官の臨場も要請するのだが、安全確認者はまず、子どもの安全確保を最優先とし、子どもを直ちにその場から保護して退去しなければならない。

　子どもの身柄確保をしたら、直ちに保護者には子どもの一時保護を口頭宣告し、必要なら警察官の援助を得つつ、子どもを安全に移動させて退去することになる。保護者からの事情聴取は中断し、一時保護の後は、児童相談所において保護者からの事情聴取を行うと宣告し、その場は退去する。

　この手順については、立ち入り調査によって子どもを一時保護することと同等の条件を想定したトレーニングが必要であると共に、実際にその可能性がある事案が発生した場合には、家屋の見取り図が手に入るかどうか、それに合わせた事前の予行演習によって子どもの安全な身柄の確保手順に齟齬が生じないように確認し、さらに警察官の援助を得る場合には、警察官とも合同で直前の手順確認を行ってから実際の行動に移ることが重要である。

4-4
フィードバックと
対応のシステム化

　子どもの安全問題についての通告受理からの初期対応については、各自治体・各組織でそれなりの経験的標準化が進められているとみられるが、その組織化、すなわち誰が担当者になっても、すぐに同

じような対応手順を実施できるシステム化が確立しているかというと、組織的な力量の獲得は未だ不十分な状況にあるところが多いとみられる。熟練した経験者が一人欠けると、組織としての対応力全体が急激に落ちてしまうという脆弱性が課題である。

多くの対人支援サービスに共通することだが、相談当事者・利用者が協力的で、相談ニーズもそれに対するサービス要件も明確で、支援者と利用者が協力して問題解決にあたれる場合には、当事者同士のコミュニケーションが順調であれば、支援作業はそれなりの高い水準が維持されることが期待できる。

しかし、子どもの養育における子の安全問題のような事案では、権限介入的な場面・関係性に特徴があり、支援者と当事者間に利害対立が生じ、合意・協力が順調には得にくい状況がしばしば生じるような場面では、対応手順が周到に作り込まれていないと、状況次第で出来ることの振れ幅が大きくなってしまう。この状況を組織として少しでも安定的に扱うには、各作業の経験知の集団へのフィードバックを繰り返し、組織として次の対応に備える手順の点検と修正を繰り返すことにより、対応体制の作り込み作業を続けることが重要となる。

◉フィードバック（リスク・アセスメント作業における）の基本項目

子どもの安全問題への支援・介入的関与においては、まず、初動からの正確で迅速な情報収集と関係機関との連携体制の構築が重要となる。これには、初動からの組織的なフィードバック作業が重要

となる。

子どもの安全問題の通告受理からの初期作業のフィードバック項目

　　1　いつまでに　どんな情報をどれだけ収集できたか
　　2　初期アセスメントに有効だった情報は何だったか
　　3　それはどこからどのようにして得られたか
　　4　初期アセスメントに必要だったが確認できなかった情報は何か
　　5　相談種別・状況に応じてどんな情報が必要・かつ有効と期待されるか
　　　　1〜5を受けて
　　6　今後の情報収集についての工夫点はあるか
　　7　その有効性・必要性をどのように評価するか
　　8　情報のデータ化・継続的な情報蓄積による評価・分析は可能か

　これらの作業を通じて、常時、目の前の作業の効率を評価すること、担当者の経験知と次の一手の工夫についての情報の組織的共有化を常に図っておくこと、最終的には誰が担当者になっても基本的な要件や直前までの対応経過と対応姿勢が周知されている状況を組織として作っておくことが重要である。

4-5
初期リスクダウンアプローチから支援までの
アセスメント基礎調査
—— 5項目調査の提案

　子どもの安全に関する初期のリスクダウンアプローチにおける調査は、事例が持つストレングスやレジリエンス：頑健性と、目の前のリスク、潜在するウィークネス：脆弱性を把握し、リスク・マネジメントのために対比を行う調査である。この作業は後のパワーアップアプローチにおけるリソースとニーズのマネジメント、ネットワークによる支援展開へつながる。

　この作業の連続性を意識しつつ、初期調査からのアセスメントアプローチの全体を構成する基本項目の抽出を検討してきた。以下の項目群は実務的な経験に基づく試行的な抽出項目である。実証的な有効性の評価を行うには、これらの項目を実務において組織的に実践し、先に挙げたようなフィードバックを含めた検証にかけることが必要である。取り上げられた情報のデジタルデータ化ができれば、それらの情報を継続的に統計学的な検証にかけながらモニターすることがいずれ可能となるかもしれない。5項目調査はそのひな形である。

　5項目調査についてここでは便宜的に「ストレングス／リスクからリソース／ニーズ・マネジメントの過程に至るまでの作業における5項目の情報チェック項目（5項目調査項目）」と呼ぶことにする。

5項目調査の各項目

① 子どもの具体的な心身状態の確認　医学評価も含む

② 問題発生の具体的な事実経過と背景情報

③ 保護者の養育能力（態度表明でなく実効性のある行為、見通しのある
　行動計画）

④ 近隣・親族のサポートの有効性：エピソードレベル

⑤ 福祉・関係機関の具体的な援助の有効性・期待度

以下に各項目の概要について説明する。

●① 子どもの具体的な心身状態の確認 医学評価も含む

　通告された子どもの具体的な心身状態については以下の3点が重
要となる。

ア　原則 直接の目視現認により確認

　　身長　体格　血色　表情　コミュニケーション能力

イ　目に見える事実に

　　即時記録化

　　通告者からの事実情報の収集・照合確認

　　児相職員による撮影（撮影方法の確認）保管 出力

ウ　目に見えない事実

　　⇒　医学診察・検査による確認

　　⇒　法医学の見解（生体鑑定）

事情聴取：当人・関係者の直接的な聴き取り調査

事実確認についての医学・司法所見による裏付けを確認する

A　原則 直接の目視現認により確認

身長　体格　血色　表情　コミュニケーション能力

目視現認は実態的には例えば以下の5段階の接触程度に分岐する。

(i)　伝聞のみ：関節確認

(ii)　遠くから様子を見た

(iii)　声がかろうじて聞こえる程度の距離で見た

(iv)　ごく近くで見たが会話はしていない

(v)　対面で話し合った

　48時間以内の子ども本人確認は必ずしも十分な目視現認には至っていないことがある。この場合、その到達度を明確に記録し、最終的に（i）の段階から（v）の段階に至るまでを記録化することが重要となる。

　当然、この接触程度によって得られる情報が以下のように異なってくる。

①身長 服装

②体格 体つき（栄養状態の兆候など）

③子どもの生活環境

④血色や表情

⑤対人関係の様子

⑥コミュニケーション能力や特徴 声や話しぶり

⑦本人の意見・意向、人物像

⑧現状についての子ども自身の話

目視現認の記録は接触程度（i）〜（v）、現認した状況①〜⑧、で分類記録され、その時点での接触の程度が次の情報評価と対応に反映されるように記録される必要がある。

B　目に見える事実については即時記録化

通告者からの事実情報の収集・照合確認

児相職員による撮影（撮影方法の確認）保管出力

子どもの身体的な傷・ケガについては一定の傾向性があることが指摘されてきた。

・体側面、前面の突出部のケガは自分の乱暴な行動でよくできる。

・背面、内側面のケガは他人からの暴力によってできやすい。

・報告される情報とけがの様態が一致するか、不自然さや矛盾が無いかも重要な手がかり。

・頬の手形のアザ：平手で叩いた痕であった可能性が高い場合には写真と大きさ（手の大きさ）の記録が必要。

・本人の発言・聴取内容の正確な記録と評価

・本来は客観的データの蓄積が必要（法医学領域）

アメリカ熱傷学会では子どもの熱傷を治療する際の基準値を提示

図表 4-1 写真記録の留意点

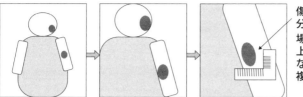

傷のサイズが分かるように場所によっては上から、横からなど立体的に複数撮影する

被写体は人物が特定できるような全体像から傷の詳細な写真までを連続して撮る

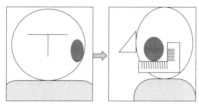

顔や頭部、顎などのケガは、正面、側面、上下など複数方向から撮影する

通常2000万画素程度のデジタルカメラで、フラッシュなしで撮影する

し、虐待の疑いがある場合には、多職種専門家による SCAN Team（Suspected Child Abuse and Neglect Team）による評価と各種対応チームの連携を促している。

また写真を撮る際の注意事項は以下のとおりである。

C　目に見えない事実　⇒　医学診察・検査による確認
　　　　　　　　　　　⇒　法医学の見解（生体鑑定）

外傷があった場合　内出血や骨折、内臓損傷等のチェックがしばしば課題となる。これには法医学の観点　身体的ダメージの発生状況と時間的経過の鑑定や脳出血の有無・損傷のチェック、過去のケガ・骨折痕の調査　筋肉や皮膚・内臓の損傷痕のチェックなどが問

われる。

またそれらの機転についての調査：証言の聴取照合　関連情報の確認、刑事司法としての法医学の所見と福祉としての法医学の所見の確認が必要な場合もある。

●② 問題発生の具体的な事実経過と背景事情の把握①

問題発生時の具体的な事実経過と背景情報の把握については、まず以下の4点が重要項目である。

---

1 具体的な行為事実の確認
　　いつ、どこで、誰が、何をしたのか　の事実情報確認
2 どういう経過で、その親子の出来事が生じたのか
　　誰と誰がいて、どういう関係でそのことが起こったか
　　一定の事情・理由が分かるのか、分からないままか
3 その家族・養育上の普段のエピソードはあるか
　　だいたいの日常の様子が推定できるかどうか
4 当事者の説明は背景事情に触れているか否か
　　問題解決か安全プランの端緒が得られるかどうか

---

1 具体的な行為事実の確認
　　いつ、どこで、誰が、何をしたのか　の事実情報確認
これについては通告受理からの初期調査で把握される情報となるので詳細は省略する。

| 154 |

2 どういう経過で、その親子の出来事が生じたのか

　　　誰と誰がいて、どういう関係でそのことが起こったか

　　　一定の事情・理由が分かるのか、分からないままか

　まず、その出来事に関係した各人から説明を聴取する

　　保護者自身の説明

　　子ども当事者からの説明　　　　　　　　　　}　の確認・記録

　　きょうだいや同居人、関係者からの説明

　場合によっては問題が発生した場所の状況確認や関係する周辺情報の収集も重要であり、それぞれに発信者と内容の記録化が必要。

　これら集まってきた情報の評価により、推定される経過　事情、理由（当事者ごとの観点から見た）の整理を行う。

3 その家族・養育上の普段のエピソードはあるか

　　　だいたいの日常の様子が推定できるかどうか

　この段階で重要なのは家族の日常生活についての関連情報である。

　調査は基本的に先の経過情報の聴取と同じ場面で連続的に実施するのが妥当である。子どもの安全に重大な問題が発生した場面があったとして、それは何もない普段の生活ではどういう実態、状況にあったのか確認することは重要である。問題が生じた場面についての日常生活での普段の状況についての聴取は先の問題状況の調査と連続して行うのが自然であり妥当である。

日常的な場面での状況調査
保護者自身の説明
子ども当事者からの説明
きょうだいや同居人、関係者からの説明

の確認・記録

　併せて家族の日常生活についての関連情報を収集し、集まってきた情報の評価、推定される普段の様子、ここではストレングスとウィークネスの双方からの検討を行い、類似事態の頻度やその場面でよくみられてきたことをまとめる。この検討では、ただ得られた事実情報を並べるだけでなく、想像力をもって家族や関係者の相互の関係やストレス状況、それらへの態度などを考慮・評価する必要がある。

4　当事者の説明は背景事情に触れているか否か
　　問題解決か安全プランの端緒が得られるかどうか
　以上の作業を経て、当事者の説明が問題発生の表面的な事実だけでなく、その背景、いきさつにも触れているかどうか、またその情報が、今後の問題解決（リスクダウン、パワーアップ）の端緒が得られるような情報かどうか検討する。ここまでの各項目情報の信憑性と有効性について検討する。

❖検討点

リスク・アセスメント：リスクダウンアプローチにおいて

　保護者は子どもの心配について共有しているか

ニーズアセスメント：パワーアップアプローチにおいて

　保護者は子どもの心配が生じた事態・背景事情について心を開いて

　説明しているか

　問題解決の端緒が得られる程度に様々な事情を説明しているか

　得られた情報で、問題状況がどの程度把握されるか。保護者の反応、やり取りから有効な対応策が見える程度はどの程度か。

●② 問題発生の具体的な事実経過と背景情報の把握②

　続く事実経過・背景情報の把握のための項目は以下の通りである。

---

1 子どもの所属　人脈情報　近所づきあい

2 家族の生活・経済状態（収入状態の概況や困窮）

3 心身の健康状態（疾病、飲酒や喫煙習慣含む）

4 現住地の生活歴　これまでの移動歴　出生地

5 親族関係　居住　交流状況

6 家族史におけるハッピー体験　ダメージ体験

7 夫婦関係　DV問題の兆候チェック

8 生活における重要事　子どもの養育課題の優先程度

9 育児における具体的な困り事　a 主観的感情は
　　　　　　　　　　　　　　　　　b 客観的認識は

---

1 子どもの所属　人脈情報　近所づきあい

　児童相談所や福祉事務所・関係機関が日常的に子どもを現認できそうな場所、子どもの所属場所はどこか確認・確定する。

　時間的には、どういう条件で子どもや関係者と接触・現認できそうか確認。

　子どもの状態を日常的に知ることができる関係者は誰か

　いつ　どこで　どんなことを知ることができそうか確認する。

　子どもの年齢　発達状況に照らして、子どもの対人的・社会的適応状態はどの程度かといった全般的な情報を得ることを目指す。

2 家族の生活・経済状態（収入状態の概況や困窮）

　ある家族の経済状態を知ることは結構難しい。生活保護で家族の資産や収入状況が詳しく調べられている場合ですら、実質的な金銭の流れ全体を把握することはしばしば難しい。

　客観的な家族の収入・経済状態を把握できる情報の探索（就労状況、税金や住居、車の所有状況、家財の状況等）が必要であり、公的支援サービスの利用状況やその際の申告内容の調査・確認も必要なことがある。

　文字上の収入額とは別に、実際的な生活に使える金銭の状況（財布の中にあるお金）の把握が重要である。その要点は、それなりの収入があったとしても支出の実態は様々であり、貧困よりも隠れた困窮の実態把握が重要なことが多いからである。鍵概念は困窮：収入状況ではなく、実生活での金銭の使用状況で、衣服や食事・外出・買い物などの生活行動からみられる状況である。より潜在的な情報

としては、借金やローンなど債務の状況についての調査があるが、当事者が隠していてよく分からない状況もしばしばみられる。

3 心身の健康状態（疾病、飲酒や喫煙習慣含む）

家族全体の一般的な健康情報　病歴、特に飲酒・喫煙等の習慣、体格、体調に関する情報などがこれに当たる。

家族メンバーの通院・服薬を含む受診歴や疾病・手術等の情報も重要である。

子どもに関しては健康状態　受診歴、慢性疾患の有無、これまでの通院・治療状況の把握などが必要となる。健康保険のチェックも必要となる。

4 現住地の生活歴　これまでの移動歴　出生地

これは初動調査の段階から収集される情報群である。あらためて住民票　本籍地紹介による出生地、親族・家族関係と移動歴を確認し、子どもや家族の出生・親権関係を再確認する。

移動歴から各居住地での福祉サービスに関する経過情報の調査、通告歴の確認等の作業をチェックする。

この経過の中で、家族の離散・集合、婚姻関係や同居人の変化、理由が気になる急な転居や頻繁な転居歴が無いか、支援やストレスに関係する親族関係の探索などが課題となる。

5 親族関係　居住　交流状況

先の項目に続いて、家族と関係のある親族の所在と交流状況を

チェックする。家族のメンバーについて情報収集や所在確認の必要が生じた際に接触できそうな親族の探索・確認を行う。親族関係の情報整理ではジェノグラムによる確認と整理が重要である。ジェノグラムを見ることによって、欠けている情報や、見えていない関係性に気づくことも多い。

これらの調査には当事者への聴取・調査、関係者への聴取・調査、居住実態や自治体が持っている情報探索、親族が関わっているトラブル情報（公的サービスの利用等）生活保護や養育支援の相談歴　通告受理歴等が含まれる。高度な個人情報を含み、子どもの安全についての調査権限による要保護児童対策地域協議会内の守秘義務による情報保護の範囲内での扱いとなる。

6 家族史におけるハッピー体験　ダメージ体験

子どもの主観的な生活歴の中で、あるいは保護者・親族の生活歴の中で、家族として、親子として　とても楽しかった　うれしかった経験記憶があるか、　具体的にどんなエピソードがあるか無いか、みんなが経験し分かち合った喜び、誕生日や家族の記念日、対人交流としての行楽や気晴らし、ペットとの生活経験などのエピソードを尋ね、話してもらう。主として子どもから聴取することを優先することが多い。

楽しかった思い出と共に、とてもつらかった　怖かった　悲しかった経験記憶があるか、事故や事件の被害・被災の経験、親密な人間関係での離別や喪失、親族内トラブルのストレス、社会的なストレス経験のエピソードを尋ね、話してもらう。これについても子

どもから聴取することを優先することが多い。

エピソードから類推して、家族の生活、養育状況にまつわる重要な転機やトラブルが浮かび上がることも多く、重要な探索の切り口である。

7 夫婦関係　DV問題の兆候チェック

子どもの養育に最も深刻、かつ持続的なダメージを与える要素の一つがDV並びに家族内の閉鎖的・暴力的支配の問題である。

明確に自覚されているDV歴の有無と内容、および自覚されていないか表明されていないDV徴候を探索する。これはアメリカ合衆国の裁判所でDVの有無が問題になった際の調査項目等を参考にしている。

・夫婦間・家族内のもめごと、家庭内暴力経験
・住む場所　家の選択・決定は誰の意見で決まってきたか
・家具や部屋の使い方は誰がどのように決めてきたか
・カーテンや敷物の選択　色や柄の決定は誰がしているか
・妻（母）の服装　夫（父）の服装は誰が決めたり選んだりするのか
・子どもの服装　持ち物は誰が選んだり決めたりするのか
・休日の過ごし方、家族での外出・行楽の計画は誰がどんなふうに決めるのか
・買い物をするとき決定権を持っているのは誰か
・家計をコントロールしているのは誰か
・一家の金銭の支出状況をコントロールしているのは誰か

8 生活における重要事　子どもの養育課題の優先程度

今、一家の生活で一番重要な課題は何か、について家族一人ひとりに聴取。

家族みんなの課題
夫婦の課題　　　　　　　一番悩ましくストレスの高い困り事は？
家族一人ひとりの課題

上記の困り事と子どもの養育課題の関係は？

日常生活での場面ごとの子どもの世話についてはどうか

子どもの教育や健康に関することについては何かあるか

対外的・社会的な対応に関することについてはどうか

子どもの将来　金銭的な準備に関することについてはどうか　等

9 育児における具体的な困り事　　　a 主観的感情は

　　　　　　　　　　　　　　　　　b 客観的認識は

子どもの安全問題が家庭養育において発生し、それについての対応が展開している状況では、当事者の認識も利害感情も、強くその影響を受けており、一般的な育児における困り事に焦点化した取り扱いは難しい。むしろ子どもの安全問題の発見・発覚以前に表明されていた困り事はあったのか、それはどんなことだったかが調査の対象となる。そこには、明確には表明されていないかもしれないが、家庭生活や子育てにかかわる、ストレスや困難が表明されていたかもしれない。

●③ 保護者の養育能力
（態度表明ではなく実効性のある行為・行動計画の見通し）

保護者の養育能力（態度表明ではなく実効性のある行為・行動計画の見通し）についての基本項目は以下のとおりである。

---

1 健診歴　予防接種歴　ヘルスケア歴

2 養育についての相談者・支援者・人脈状況と関係

3 養育者の問題解決能力 同じ状況で次はどうするのか

4 類似の状況で過去にうまく解決できた経験の有無

5 養育者自身の自己評価、自信とおびえの程度

6 おびえが高い場合、防衛・攻撃・爆発性が高くなる

7 客観的な状況を対象化して把握しているか

8 現在の生活ストレス　近未来の困り事

9 支援機関職員に向けている感情・感じられる感情

---

1 健診歴　予防接種歴　ヘルスケア歴

保護者の実効性ある養育行動を評価するのに、健診歴、予防接種歴、ヘルスケア歴をあたることは最も基本的な作業となる。それは保護者の養育態度や価値観、行動の優先順位を示していることもあれば、家族がさらされてきた様々なストレス状況の対処過程の結果である場合もある。

2 養育についての相談者・支援者・人脈状況と関係

3 養育者の問題解決能力、同じ状況で次はどうするのか

この課題は、直接養育者に尋ね、一緒に考えることが必要。リスク・マネジメントでの心配の共有の問いかけ、リスク・アセスメントでの心配の共有と養育責任の自覚が確認できていることが作業条件になる。

　ニーズ・マネジメントでの　養育者からの問題発生の背景事情や生活状況、課題の開示や支援者との情報共有、改善のための努力の開始が実際に進むかどうかの具体的な内容となる。問題の分析段階では　問題解決アプローチ（病理性・問題性の評価）今後の方策の探索段階では解決志向型アプローチへ移行するプロセスもここで展開することになる。

　4　類似の状況で過去にうまく解決できた経験の有無

　この項も先の同じ状況で次はどうするのかと連続する項目である。ただ、こちらの方がより解決志向型アプローチに重点が移る。

　調査では感想ではなく　具体的な事実の確認・確定が必要。先述のいつもはどうだったのか　とも関連する情報項目であり、具体的なエピソードが必要　一般論的な情報、ルーティーン的な評価は信頼性が少し低い。

　具体的なエピソードが実際にあった頻度が低ければ、特定の経験をよく吟味する必要あり、可能性はあっても通常の対処の力量とは評価しきれないことに注意が必要である。

　5　養育者自身の自己評価、自信とおびえの程度

　6　おびえが高い場合、防衛・攻撃・爆発性が高くなる

　7　客観的な状況を対象化して把握しているか

養育者のおびえが高い場合、防衛・攻撃・爆発性が高くなる。養育についての相談者・支援者・人脈状況と関係性を洗い出すこと。それらを合わせた養育者の問題解決能力、さらに過去と同じ状況が繰り返された場合、次はどうするのか、類似の状況で過去にうまく解決できた経験の有無はどうなのか、それについての養育者自身の自己評価、自信とおびえの程度はどうかなどがチェック項目となる。

養育者が福祉機関や児童相談所に示す敵意・攻撃性＝おびえの強さ・自信の無さを示すことに注意。自己評価が低く、トラブルに際し、自分が責められると予測するようなおびえが強い場合、何らかの躓きから養育破綻の危険性が一気に高まること、介入に対する激しい怒り反応が起こりやすいことに注意が必要。養育者のおびえが高い場合、防衛・攻撃・爆発性が高くなり、激しい攻撃性を示す場合、それは十分に怖いことを示すことが重要。パワーゲームに陥らない　競争的な対抗反応を起こさない。おびえの共有・伝搬を認めて一緒に抜け出す働きかけをする

養育者が落ち着いておびえを示さない場合、力量があるからか表面的なふりをしているだけか見分けることも必要である。

保護者自身が客観的な状況を対象化して把握しようとしてきたかも悪化した事態の回復力：レジリエンスの重要な指標となる。

8　現在の生活ストレス、近未来の困り事

現在の生活ストレス　近未来の困り事として保護者や家族・親族・知人らが問題発生以前から何を感じ、考えてきたか、を調査する。保護者自身が客観的な状況を対象化して把握しようとしてきた

場合とそうでない場合では、問題解決の端緒の扱い・共有化のポイントが異なる。

9 支援機関職員に向けている感情・感じられる感情

これらの調査すべてにわたって、当事者が支援・調査者に向けている感情　感じられる感情と関係性が強く影響することは考慮の範囲内である。これは社会調査全般において言えることだが、問いを発する者とそれに答える者の関係性、そこで問われる内容についての応答者の主観的感情・期待が常に回答に影響することを考慮する必要性を反映している。同時にネットワークによる様々な当事者との接点の情報を通じて、養育者の経験の質やストレス状況、主観的な葛藤状態等を立体的にとらえることも重要である。

◉④　近隣・親族のサポートの有効性：エピソードレベル

---

1 事実としての近隣・親族とのこれまでのやり取り

2 実際的な支援行動と助かり度合い

　　実際的な支援行動が規制事実としてあり、今後も援助が期
　　待できるか　⇒　**3** に照らした関係性はどうなっているか
　　今後の態度・予定だけで　具体的行為は未知数かどうか
　　不明 or 関係も不安定か疎遠　期待しにくい状況があるか

3 関係性そのものに何か問題あり　⇒　a 調整可能？
　　　　　　　　　　　　　　　　　　　b 調整困難？
　　　　　　　　　　　　　　　　　　　c 要調査

子どもの安全問題の解決にあたって、近隣・親族による支援効果は、公的サービスよりも確実で長続きすることがしばしば指摘されてきた。公的サービスは比較的短期（年度単位）の様々な生活基盤の支援や、子どもの養育についての支援を提供するが、対人関係としては、異動のある担当者や一定の年限のある機関職員との関係が断続する。これに対して近隣・親族との関係は必ずしも安定しない個人的な流動性・任意性はあるものの、いったん定着をみた場合には長期にわたり、様々な事態にも柔軟に対応しながら、人間関係が固く結ばれる。結果的に10年、20年といった子どもの成長期にわたっての家族・親族としての支援・信頼関係が持続することが期待できる。ただし、これらの情報は多くの場合、エピソードとしてもたらされるのが大半で持続的な記録化や効果評定にはなじまないことが多い。

　プライベートな関係性の特徴の一つは任意性と流動性、長い経過にある。個人的な様々な出来事、関係性には容易に他人が知り得ない背景がある。しばしば注意が必要なのは、親子関係、特に母・娘関係などでは、反目と和解が何度も繰り返され、そのたびに交流の密度が大きく変化する経過をたどることである。支援者がこの特性に気づいた場合、常時、最新の関係性の推移と関係調整の効果・限界に配慮する必要がある。

　公的サービスは利用者側の反発や離反が無い限り、一定期間内は確実な支援投入が継続されることに特徴があり、流動的で不安定なプライベートな支援関係を随時補塡できるように設定しておくこと

も重要な場合がある。

　もちろん、公的サービスにおいても担当者の異動や変更で関係性が断続・流動化して、サービス提供が安定しない事態はあり得るので、公的・私的共にそのマネジメントでは限界性を意識して運営を考える必要がある。

●⑤ 福祉・関係機関の具体的な援助の有効性・期待度

---

1 現在までの公的機関サービスの利用歴

2 3の健診歴　予防注射歴等の確認と評価

3 現在利用中の公的サービスの有無と状態　現在の支援関係

4 所属機関との関係

5 今後活用が期待できそうな公的サービスと実効性の評価

6 養育者の公的サービスに対する態度・期待の内容確認

7 その他　サービス投入が期待できるメニュー

8 権限設定による指導管理　児童福祉司指導の判断

　関係機関の公的な家族への生活・養育支援にも、各機関が持つ権限や提供するサービスメニュー、担当者と家族の関係の取り方に特徴があり、それらをネットワークでつなぐには、コーディネート機能が必要なことが多い。

　1 現在までの公的機関サービスの利用歴

2 3の健診歴　予防注射歴等の確認と評価

3 現在利用中の公的サービスの有無と状態　現在の支援関係

4 所属機関との関係

以上の各項目は現時点までの公的サービスの利用歴を洗い出すものである。

当事者だけでなく、関係機関側からの情報と照合して実態を把握する必要がある。特に中断したり、辞退したりしたサービスとその理由も把握しておくことが重要となる。

5 今後活用が期待できそうな公的サービスと実効性の評価

6 養育者の公的サービスに対する態度・期待の内容確認

7 その他　サービス投入が期待できるメニュー

公的サービスでも特に任意性の高いサービスでは、手続き上も申請主義をとっていることが多く、介入的な支援設定にはなじみにくい。こうした場合にアウトリーチアプローチがどこまでとられるかが今後の課題となる。

窓口への同行支援、家庭訪問による申請手続きのデリバリー、必要項目記入手続きの自動化など、商業ベースでは既に標準化されているものも、公的サービスの手続きでは申請者の負担とされているものが多い。こうした点でもサービス利用の敷居を低くすること、モニター機能を強化して苦情解決、個別事情への適合性・利便性の向上を図ることがまだまだ問われる課題として残っていると言える。

8 権限設定による指導管理　児童福祉司指導の判断

子どもの安全問題についての福祉行政サービスは、最終的には児童福祉法第二条に規定される、国・地方公共団体の子どもの安全と健全育成達成に対する保護者・養育者と対等の責任に帰する。この責任において児童福祉法では養育者に対する指導管理権限としての児童福祉司指導措置がある。

　この措置に保護者は従う義務があり、その違反・不同意は最終的に親権喪失宣告までに至る権限がある。

　このような強行性・強制性は同時に子どもの安全に対する責任性を意味するのであり、単に保護者に優しい対応は子どもの安全を守る福祉としては届かない課題を残すことになる。

　いつ、どのような条件で児童福祉司指導を課すべきかについては、子ども虐待対応の手引きにいくつか指摘事項があり、これを参考とすべきである。

第 **5** 章

リスク・マネジメントと
ロバストな対応体制の構築

子どもの安全・安心の保障を重要な柱とする子ども虐待対応では、子ども自身の安全についてのリスク評価が、傷ついた家庭養育・親子関係の修復や健全育成の達成を保障する兆候よりも優先的に重視され、流動的で予測が難しい複雑な状況において、子どもの安全を脅かす兆候を発見する手法が繰り返し検討されてきた。

5-1
アセスメントシートの課題

子どもの安全リスクの検討が、日本では緊急保護の要否判断に焦点化されてきた。実務的には各自治体の守秘義務により閉じられた事例群の頻度別兆候や、内外の先行研究で報告されてきた情報、さらに国や各自治体が公表してきた死亡事例等の検証で提起された注意事項等を参照し、それに常識的・経験的な状況判断を加えたチェックリストが作成され、リスク・アセスメントシートと呼ばれる形に整理され、使用されてきた（子どもの養育全般にわたる子どもの安全・安心についての評価は残る課題となっている）。

これら緊急保護の判断のためのチェックリストは子どもの安全問題の多様さ、個人内・個人間、組織間のチェック基準・評定のばらつき、各自治体内で閉じた経験データの偏りなどから、統計的な解析によって広く安定した客観的基準を示せるには至っていない。焦点となってきた子どもの分離保護の判断は、国の手引きに示された、

より単純だが、明示性のある意思決定の分岐図（ディシジョン・メイキング・ツリー）と職員の経験知、常識的な状況判断によって進められ、アセスメントシートの項目はそれを補う答え合わせの役割に留まってきたとみられる。

　さらに現実的な分離保護の判断は、相談件数の多寡や一時保護所の満員状況、子どもの拒否・抵抗の強さなどによって調整されてきており、類似の事例における各地の一時保護率は場所や時期、担当者や事例ごとの状況により、かなりの幅で変動していることが見込まれる。

　リスク・アセスメント自体は、一時保護の要否判断から、一時保護解除の判断、さらには在宅での養育支援途上における限界性や介入の要否判断、施設入所した子どもが家庭復帰する際の養育環境評価、要保護児童対策地域協議会の支援対象者リストから登録を解除する際の妥当性評価など、様々な局面での子どもの安全評価にその適用が求められてきた。ただ、結果的には、刻々と推移・変遷する事態、支援者の介入の程度が対象の課題状況に随時、直接混入する流動的事態は、ある特定の時点での固定的な「リスク評価」という観点になじまず、任意の介入的アプローチを行う妥当なタイミングを図るには、リスク評価ではなく、リミット・ルール、リミット・マネジメントの実装がより実際的であることが見えてきている。端的に言って、リスク項目に該当が多いことは、子どもの安全により多くの課題があることを示してはいるが、それだけでリスクの高低を評価できるわけではない。逆にリスク項目に該当項目が少ないからといって、それだけで子どもの安全が保障されているわけでも

図表 5-1　アセスメントシートの有効性を確定・向上させる条件

❶ 評価の妥当性
アセスメントシートの評価の妥当性は
ある時点での評価が
・現状をどの程度正確に評価できているか
・次の展開において振り返ってみてその時点での評価がどの程度正確で予測的に役立ったか
・具体的な支援対応の適切性・適合性をどの程度保証できたか
ということがポイント
結果情報を順次照合しながら妥当性・適合性を向上させていく作業が必要

❷ 評価の安定性
アセスメントシートの各評価の客観性・安定性はある時点での評価が
・現状についての評価を誰がつけても、どのチームが評価しても同じ評価になることがどの程度保証されているか
・ある時点での特定の状態についてＡなり、中度なりの評価がなされた場合、それは誰がみてもほぼ同じ状況・状態を表しているといえるか
ということがポイント

❶は時間経過による分析が必要　❷は同時評価の照合分析が必要

ない。

　子どもの安全問題の見立てとしてのリミット・ルールの設定、リミット・マネジメントという観点からこれらのリスク評価を見ると、重要な未整理課題があることが見えてくる。リスクの兆候を具体的な個別項目のリストとする前に整理しておかなければならないリスク・マネジメントの課題がある。

5-2
リスク・マネジメントのポイント

　リスク・マネジメントは単に各種のリスク要因に対して状況に応じた対策・対応を進めるというだけでは、その複雑さを把握できない。リスク要因の背景因子、リスクの程度・深度や幅、影響の範囲（地域的・人的・時間的など）に応じて、次元的、段階的な組織的な対応を運営することが求められる。直接的で即座の行動を要する場合もあれば、伏線を張り巡らせるような時限的・探索的・段階的な対応も必要となる。

❖クライシスマネジメントにおける調査保護の判断
　リスク・マネジメントの初期対応におけるポイントは、クライシスマネジメントの運営にある。クライシスマネジメントの要点は安全確認と安全確保の業務手順の分離困難にある。基本は安全確認作業が先行し、その結果を踏まえて安全確保の判断を行うのが標準的手順である。しかし状況の限定的な緊急性や事実確認の困難性が高く、安全確認による安全確保の手順がとれないような場合：子どもの脆弱性が高い、情報の不透明さが強い、安全確認・安全確保の随時の実施達成が見通せない、接触の困難・家族の孤立傾向が強い、家族の相互依存性や利害・支配関係の複雑さ、など、事例が持つ、ストレングスが見通せないか低いことがうかがわれるような条件下

| 176 |

では、本来の目的「子どもの安全の確保」の観点から、まず子どもの身柄を確保した上で、安全確認の調査と判断を行うという対応が必要となる。これが児童福祉法第33条の「児童の心身の状況、その置かれている環境その他の状況を把握するため」の一時保護であり、日本ではこれを「診断保護」と呼んできたが、実質的には「調査保護：子どもの状況を正確に把握するための一時的な保護」である。

クライシスマネジメントにおける調査保護は、日本では性的虐待・家庭内性暴力被害を疑う事例につき、国が平成25年に確認した手引きで規定された手順となっている（厚生労働省：性的虐待対応ガイドライン2011年版）が、その他の事案では明確な規定がなく、これまでの一時保護の司法審査の検討においてもこの点は明確な検討・確認を見ていない。英米の虐待通告への初期対応における子どもの身柄の保護拘束は基本的に親権の審査のための親権の一部停止による調査保護の色彩が強い。

❖リスク評価におけるバイアスの排除：「証拠の不在は不在の証拠にあらず」[1]

リスク・マネジメントの次の段階は、いわゆる48時間ルールの範囲内で子どもの安全についてのストレングスとリスク（ウィークネス）を調査し、安全確保と親子の修復を目指した状況設定のための一時的な分離保護が必要かどうかの判断とその後の対応を決める

---

1) https://ja.statisticseasily.com/%E8%A8%BC%E6%8B%A0%E3%81%AE%E4%B8%8D%E5%9C%A8%E3%81%AF%E4%B8%8D%E5%9C%A8%E3%81%AE%E8%A8%BC%E6%8B%A0%E3%81%A7%E3%81%AF%E3%81%AA%E3%81%84/

ためのアセスメントを実施することである。ここでは安全確認作業が先行し、その結果、安全確保の具体的方策を決めることになる。この時点で、リスク、ウィークネス、脆弱性の評価はその事例全体のストレングス、レジリエンス、頑健性と対比され、評価される必要がある。鍵概念は子どもの安全であり、養育環境の加害性の有無・程度ではない。現在の諸機関の対応は、緊急保護の要件としてのリスク兆候に焦点が偏っており、家庭養育全般にわたる子どもの安全・安心についての情報把握と評価手順の検討は遅れている。

　この段階のリスク評価では「証拠の不在は不在の証拠にあらず」というリスク兆候の評価に関係する重要事項がある。

　しばしば初期調査段階でのリスク評価では、あるリスク項目が該当するか該当しないか明確な具体情報が見当たらないことがある。この「リスク兆候の該当情報がない状態」の評価には2つの選択肢がある。

①当該事項を非該当とする

②当該事項を未確認・不明とする

のいずれかである。

　これまでのリスク・アセスメントチェックシートの実態では、一定範囲、一定期間の調査で該当する情報が見当たらなかったリスク兆候は、しばしばその時点で「非該当」とされてきた。これは厳密には問題がある。「単なる推測による潜在的可能性の低さに過ぎない場合」と、「確かに該当しないと判断できる何らかの条件が確認されている場合」が区別されていないことに問題がある。

　「任意の一定期間、その範囲内で該当事項が見当たらなかった事

図表 5-2　子ども虐待対応のリスク・マネジメント、アセスメントの課題

①クライシスマネジメント　安全確認の緊急性　　安全確保⇒安全確認の判断へ
　　　　　　　　　　　　　　安全確保の緊急性

　⇒②リスクマネジメント　安全確認の緊急性 ⇒ 安全確保の判断へ

　　⇒③リスクアセスメント

リスク・アセスメントチェックシート・リスクマネジメントによる問題点の
　　　　　　　　　　　　　　　　　チェック
　　　　　　　　　　　　　　　・重症度のチェック

基本的な注意点　リスク・ウィークネス vs ストレングス・レジリエンス

リスクの兆候が　　当該事態は非該当 該当しない事実・補強証拠の確認
確認できない　　　　　　　　　⇒介入・保護の必要性 低い
　　　　　　　　　当該事態はなお未確認・不明事実は未確認・不明
　　　　　　　　　　　　　　⇒ 介入・保護の判断は保留 or 実施

証拠がないこと≠ないことの証拠「証拠の不在は不在の証拠にあらず」
　　　　　　　　　　　　　科学的客観性判断の原則

未確認・不明 ⇒ なお未確認・不明の状態にあることは非該当と区別される
　　　リスクを排除・抑制できるストレングス・レジリエンシーが未確認である
　　　ことを意味する ⇒ 単なる可能性の低さが推測されるか×

　　　例えば原因不明のキズ・アザは、介入の理由がないのではなく、安全と責
　　　任が確保・確認できない重大事態と思わなければならない。

象は、そうでない事象に比べて元々の発生頻度が低い可能性が高く、めったに遭遇しないのではないかと考えられるので、当分の間においてはその事象は発生しないと見込まれ、非該当としておいてよいのではないか」といったバイアスが働いている。この評価は、未知の近未来予測では致命的であり、科学的客観性に反する。カール・セーガンの有名な言葉「証拠の不在は不在の証拠にあらず」という

指摘にあるように、ある範囲の調査で兆候を発見できなかったリスク項目は、まず「②未確認・不明」として留保すべきで、そののち、それなりの期間の観察や、周辺情報、問題を回避できるストレングスや事態を修復できるレジリエンスなどの補強的証拠の確認を経て初めて「①非該当」とすべきである。

　さらに、②未確認・不明の項目については、当面、もし仮に当該項目の兆候がどこかの時点で判明した場合、どの程度、事例全体のリスク評価が変わるかを想定し、その場合の対応手順を、最悪事態の想定に関するリミット・ルールに組んでおくことが重要である。この②⇒①の評価分岐とリミット・ルールの確認という設定はリスク・アセスメントシート評価の基本である。

5-3
リスク評価と一時保護
──行政権限による親権制限について

　子ども虐待における子どもの保護は基本的に保護者からの相談依頼による保護とは全く異なる手続きである。判断の基準は児童相談所の「子どもの安全」についての判断であり、緊急性の高さからの調査保護（診断保護）か、何らかの根拠ある子どもの安全についての心配を理由にした「安全確保のための保護」が実施される。その判断決定は、保護者・親権者、子ども自身の意向とは独立に行われることが前提である。

この独立性、親権への強行性、介入性につき、行政機関はこれまで混乱した対応を示してきた。

❖同意保護問題

何より、子どもの保護を従来の相談依頼による保護と連続視しようとしたことから、職権による独立判断を基本とする子どもの分離保護に、依頼による保護の「同意保護手続き」が持ち込まれた。これは悪意にとれば、詐欺的強要行為になりかねない強権的混乱を示している。

虐待通告から始まる子どもの安全確認調査は家庭訪問による保護者・子どもへの同時調査によらない限り、保護者に事前告知したり、同意・協力を求めたりすること無しに行われる。さらにその過程で緊急保護の要否判断がなされ、結果として一時保護が実施される際にも、保護者への事前告知や一時保護の実施前同意確認の手続きはとられない。

児童福祉法・児童虐待防止法では、児童相談所が子どもを一時保護下に置いた時点で初めて、親権者・保護者への一時保護の告知義務が生じる。この際、前章で例を示したような結果告知としての一時保護の告知が行われる。

この状況は、養育者からの相談依頼による「保護者の相談依頼と同意・承諾による一時保護」とは全く優先順位が異なっており、そこで問われるのは「同意」ではなく、この経過への「理解と協力」でなければならない。子どもの安全について児童相談所の判断で子どもを一時保護し、その告知のやり取りを通じて保護者が子どもの

| 181 |

一時的な分離保護を理由のあるやむを得ない過程と理解し、それに協力することにいったん同意することはあり得る。これについて、どうしても「同意」という言葉を使うとすれば、「理解と協力の結果としての同意」でなければならない。

　ただし、それは保護者からの相談・依頼を受けての一時保護とは全く異なる過程であり、法が規定する児童相談所の権限責任による判断行為が先行し、短期であれ親権の一部を保護者が知ること無く先行して制限することになったという過程を明示・説明することが行政行為の説明である。この手順の整理が未だに全国の児童相談所では完了できていない課題となっている。

　厳密にこの過程を説明すると、相談依頼による子どもの一時保護においても、保護の決定権限、執行権限は児童相談所にあり、保護者には無い。従って相談依頼により同意に基づく子どもの一時保護が決定された直後、保護者が翻意して一時保護解除を求めたとしても、児童相談所は権限判断に切り替えた保護の継続を執行できる。この際は同意保護の同意が取り下げられたのに合わせて職権保護が執行されたことになる。

❖原因不明の事態に対する認識・対応の限界性

　子ども虐待を、「責任ある養育者・親権者の子どもへの加害行為、あるいは子どもに対する無責任な養育放棄」ととらえることが一般化する中、より本質的な「子どもの安全」の認識とその対応原則が見えづらくなっていることに注意が必要である。

　日本ではそもそも、児童相談所の一時保護を、行政サービスとし

ての相談保護の範囲に留め置き、子どもの安全確保・職権保護を国家権力による親権の一部制限（身上監護権、居所指定権の部分的制限）行為とし、家庭裁判所による親権制限の判断承認行為でなければならないという規定を設けずにやってきた。ようやくこれに家庭裁判所の承認という制度が設定されることになったが、保護者からの即時抗告という対抗権利を家庭裁判所が保障せず、行政訴訟による保全処分を申請しなければならないような承認行為は、司法審査と呼ぶには齟齬があり、裁判所が児童相談所の申請を単に追承認したという処分の範囲に留まる手続きというべきである。

　この承認による親権への介入をどう正当化するかについて、これまで国は「責任ある養育者・親権者の子どもへの加害行為、あるいは子どもに対する無責任な養育放棄」の可能性の高さ、蓋然性の高さ、すなわち「児童虐待を受けたと思われる」要件をその第一の理由にしてきた。結果的に何が問題か。原因不明の子どもの安全問題についての親権への介入責任があいまい化したのである。

　最も極端化すれば、この対応枠では、刑事捜査で証拠不十分となった親からの加害疑い事案では、子どもの安全確保のための家庭養育からの子どもの分離保護の理由を見失いかねないことになる。最悪、結果的に子どもの命が失われるか、重篤な損害を再度受ける事実が発生し、その経過が明らかになるまで、子どもの分離保護の理由を見出せないということが起こり得てきたのである。

　何が課題なのか。子どもの安全問題は、虐待行為があったかどうか：子ども虐待の刑事的・民事的立証による加害行為の立証　とは次元の異なる課題である。これが世界的に Child Abuse & Neglect

の上位概念に Child Maltreatment を、さらにその上に Child Safety が置かれてきた理由である。

　しばしば、原因不明の子どもの安全問題は、「児童福祉法第28条の申し立てをしたとしても承認されないような状況」を理由にその一時保護が見送られてきた。それは親権者・監護責任者による子ども虐待の立証という犯罪捜査的根拠にとらわれた判断である。

　これに対して、「子どもの安全」を軸にその安全の確保・保証を基準とするなら、原因不明のケガや子どもの安全問題は、親権者・監護責任者をもってしても、子どもの安全を保障できていない事態：最もリスクが高く、未然防止が困難な事態である。従って、その原因が分からないまま、危険が発生した環境に子どもを置いておくことは、危険の放置でしかない。

　「法第28条の承認も取れないような原因不明の事態」は、誰がいたとしても、子どもの安全を確実に保障できそうにない環境に子どもがいることを意味する。親権への介入をためらい、その環境に子どもを残すことは、親権者ですら子どもを守れていない環境への子どもの放置と言わざるを得ない。原因不明の子どもの安全問題は、緊急調査保護の対象とすべき事態である。この点を明記した規定と運用が必要である。

❖リスク・マネジメント、リミット・マネジメント、リミット・ルール

　リスク・マネジメントは、特定の子どもの安全をより確実にするために問題点を早期発見し、ネットワークを張って悪化防止の手を打ち、リスクダウン・アプローチをすることである。それには単に

具体的なリスクの兆候を把握するだけでなく、より深く、リスクが発生する背景となる家族状況や地域を含む全般的な子どもの養育環境の力量・資質を把握・評価し、環境全体から子どもの安全を確保・維持・向上させる流れを生み出すことに力点が置かれる活動である。

　これに対してリミット・マネジメントは、より切迫した危機対応を具体的にあらかじめ想定し、いかなる場面・事態においても、子どもの危機的な安全リスクに即応し、子どもの安全を確保する活動である。リミット・マネジメントがより正確に、かつ些細な兆候にも敏感に反応できるようにするためには、事態の変化に反射的に反応するための境界線・警戒線としてのセンサーを置く必要がある、このセンサーの役割を担うのが、リミット・ルールである。

　しばしば、子どもの安全問題を主訴とした養育支援において、リスク・マネジメントが子どもの危機を回避するための手立てのように取り違えられている認識が散見される。リスク・マネジメントは事例における資源としての強みや回復力、支援力を投入して、観察されてきたリスクの悪化を抑制・回避する情勢づくりに力点のある支援活動である。これに対して、リミット・ルールに基づくリミット・マネジメントは、もっぱら子どもの安全の危機のみに焦点化した管理的・介入的な反射的行動システムであり、支援途上での子どもの危機回避を確保するには、リミット・マネジメントが機能している必要がある。

　リスク・マネジメントもリミット・マネジメントも、しばしば、対人関係が引き起こす関係性のもつれや、人の認知が引き起こすバ

イアスにとらわれやすい。感情や好悪の感覚がその行動に強く影響するヒトとしての特性は、対象課題の特性であるが、それを評価し対応する側もまた、同じ特性を持つため、これらのリスクやリミットに関する冷めた評価・判断にはなじみにくい。それだけにこうした特性を強く意識し、人が持つ限界性に対して、自らをも常時、監視・モニターするような設定が必要となる。これがリミット・ルール設定の意義である。

5-4
子どもの安全問題と
ロバストな体制整備の在りかた

　子どもの安全問題は流動的で予測困難で、しばしば偶発的なトラブルを含む様々な揺らぎとランダム性に満ちた環境下において生じる問題であり、深刻な事態について後付けの検討で何らかの兆候が確認されたとしても、それを前方検索で見分け、予想を的中させることは極めて困難である。類似の兆候を示す多数の事例から、極めて稀な確率だが深刻な事態は発生していると見込まれ、それを確実に絞り込む解析方法は未確立である。机の上で溶けてゆく同じ形をしたいくつかの氷の塊の動きを、後からの再現でなく、事前予測ですべて的中させるとしたら、いかに難しいか想像がつくだろう。

　この限界性の中では、トラブルをゼロにすることより、もしも何らかのトラブルが生じても、なお一定の機能状態を維持し続け、ダ

メージが生じたとしても、繰り返しのアップデートにより、それを最小限度で食い止め、修復・回復させるような機能が重要となる。こうした機能特性を「ロバストネス：Robustness」と呼ぶ。ロバストネスにはリスクだけでなく、ストレングスやリソース、個別のニーズの具体的な活用法といった要素、養育の場全体が有している資源が重要な役割を果たす。具体的にはリミット・マネジメント、リミット・ルールの実装が重要であるが、そうした緊急の介入だけでなく、より幅広いロバストな修復体制の整備が重要となる。

　以下にその諸点について課題整理を行う。

❖リスク・アセスメントの有効性と限界

　ロバストな対応を考える上でのリスク・アセスメントの課題は二つある。一つはその機能の有効性が認められる領域の特定である。リスク評価はその該当を確認することに焦点があり、その低減・消失を同等に評価することはできない。5－1で述べたように未発見・未確認と、非該当確認との区別が重要である

　二つ目はリスク・アセスメントシートの信頼性を確立するための図にあるような基礎的な二つの観点：①評価の妥当性　②評価の安定性についての継続的な検証データの蓄積と常時のアップデート、および地域や個人による差異がチェックできるほどの大量のデータ蓄積とその比較検証である。

　基本的に従来のような単発の調査研究による情報収集・集計による評価作業では機能維持は不可能で、常時更新される常設の検証・評価と最新データ更新の管理システム、およびその情報を基にした

現場職員へのフィードバック管理が必要である。

　考えてみるとこれほどに客観的妥当性に脆弱性があったシステムが破綻せずに、それなりに機能してきた理由に注目してみる必要がある。おそらくその答えは、実務経験者の経験知だとみられる。この経験知を持つ実務経験者が徐々に退職して現場を去り、相対的にその経験知を習得・継承するには時間が足りない初心者が増え始めているのが現在の児童相談所、虐待対応の現場である。実効性が検証可能なリスク・アセスメントとそれを継続維持できる体制の構築を早めないと、早晩この評価体制は機能しなくなることが危惧される。

❖支援途上における管理機能の確立

　初動におけるリスク評価の課題に比べると、一時保護や社会的養護の場からの帰宅に際してのリスクとストレングスの評価や、在宅での養育状況の継続的把握、支援途上での支援効果の評定と、それらの過程における限界性・リスク管理体制の有効性はかなり低いとみなければならない。

　要保護児童対策地域協議会が継続的に見守っている事例を一定の状態安定として終結する際、初期の対応時に認められたリスクの低減を確認することを意思決定に使っているが、むしろ支援途上におけるリミット・マネジメント、リミット・ルールの設定に照らした問題兆候の評価や、リソースとニーズの照合性が安定しており、一定のストレングスが確保されていることをもって評価とすべきであると考えられる。

図表 5-3　悪化の未然防止についての考え方

ロバストネス（Robustness）の獲得・維持

　ロバストネスとは、様々な流動性、揺らぎ、偶発的なトラブル、予想困難なランダム性に対抗してある機能を維持する特性：頑健性のことをいう

　あるシステムが時として遭遇する想定外の環境の変化・変動に対して、ダメージや変性、機能損失を最小限に留めながら対処することができるとき、そのシステムは「ロバストである」といえる。

人が持つ免疫系の働き：ロバストネスのモデル

　これらの課題は、一定期間の養育状況の変遷・推移がデータ化され、検証的にフィードバックできる状態でないと、客観的解析そのものができないことから、なお今後に残される課題である。

❖**ロバストネス：Robustness とそれに基づく体制について**

　ロバストネスという概念とその具体的な内容例は**図表 5-3** の通りである。私の知る限り、この概念は人が持つ免疫系の働きをモデルとして概念化されてきたようにみえる。人の免疫系は、全身の固定細胞からの異物の侵入情報をモニター・集約することから始まり（通告システム）、その情報を元におそらく確率統計的な情報処理に類する作業を通じて、全身の状況をコントロールしているらしいことが指摘されてきている。未知の不穏な侵入者を排除・殲滅する白血球の動きもこのシステムによってモニター・コントロールを受けているらしいが、他方でダメージを受けた部分の機能修復も同時に進められており、これにはもっと多様な過程が同時進行している。人体が持つこの複雑で繊細なニュアンスを持つシステムはまだ、十分

な解明を見ていないが、少なくとも相当に効果的な情報コミュニケーションシステムが常時機能している。

　こうしたシステムによって、人は既知・未知にかかわらず何らかの侵入者が人体にネガティブな影響を及ぼし始めたら、直ちに反応するようになっている。その目的はいかなる異常事態に際しても、人体の健康な機能と修復力を可能な限り維持し続けることにある。子どもの安全の確保と健全育成達成のための養育についてのロバストな体制とはどういう体制と機能か、これが今後、問うべき重要な課題である。

5-5
ロバストな体制整備の
当面の課題

　当面の現状を見ると、上記のロバストな体制を検討するには概ね**図表** 5-4 にあるような三つの主要な課題が挙げられる。

1 基本的な通告と対応体制の確保
　①確実な通告体制の確立
　これまで部分的にしろ、自治体が検証してきた結果や虐待死検証の調査報告で明らかになった状況からみると、一般市民・関係機関からの子どもの安全問題についての通告率は問題遭遇の20％〜30％台で、結果的に死亡に至ったような事例でも事件

図表 5-4　リスク悪化と未然防止についての考え方

ロバストネス（Robustness）の考え方からみた児童虐待臨床の課題

［現状での優先課題］

基本的な共通事項の実施維持（有効実施率の維持）

　① 確実な通告の体制整備と基本的対応の確立

　② 業務量と職員配置のエビデンスに基づく体制整備

境界設定の基本事項

（危険域を特定する兆候　確実な共通制限事項の識別）

　③ 具体的な事例情報の蓄積と分析による解析

　④ 確率統計的な推計～検証システムの構築

取りこぼしが生じた際の気づきと対応

（不確定事態に対する即座の意思決定のシステム化）

　⑤ 即座の緊急対応：クライシスマネジメント

以前に社会的に子どもの安全問題が認知された事例は死亡事例の 30％を超えることが無い。併せて、189 ダイヤルによる通告・相談の受電率も 30％台で推移しており、およそ子どもの安全問題全体における通告による公的機関の認知率は 20 ～ 30％台であり全体としてかなり低い。

　子どもの安全問題は虐待の有無からではなく、単純に子どもの安全に問題があると感じられた時点で様子を見られたり、放置されずに通告されたりする必要がある。それは「虐待」という加害性の確認からではなく、何か具合の悪い子どもはけっして放っておかない、という子どもの安全についての社会全体の対応のあり方・態度が問われている。

②業務量と職員配置の実証的な推計予測による体制整備

　上記の通告に関しては、現時点でもその件数、対応業務量の多さから、現場の対応力の限界性が指摘されている。これが最も端的に表れているのが、都市部の一時保護の長期化と入所定数の超過状態である。現時点では、都道府県と市区町村に寄せられている子どもの安全に関する正確な通告の延べ件数と実件数の把握すらできていないという状況がある。さらには、単なる実績からではなく、将来推計の見通しに基づく体制整備が問われている。

　子どもの安全問題は現下の児童虐待定義だけでも対応する機関の業務上限を超えている中、定義そのものの拡張的な見直しも議論されているが、およそ推計的な見通しによる体制整備の実務的な検討無しにはすべてが瓦解するおそれすらある。

2 境界設定・危険域を特定する兆候識別
　　──リミット・マネジメントの整備

　これに関しては初動のセーフティアセスメントのひな型のみが厚労省の時代に検討・呈示され一部の自治体では実装されつつあるが、その後の支援途上でのリスク評価、リミット・マネジメント、リミット・ルールについては未開拓の領域が大きい。

　これらの課題は具体的な事例情報の蓄積と分析によって、危険域についての解析を進め、その回復や抑止に有効な条件を整理する必要がある。これまではおそらく経験知によって対応してきた領域だと思われるが、今後はそうした経験知に頼る機

会は少なくなるばかりで事例情報のデジタル化やネットワークによる連携、事例情報の持続的な蓄積と集計・分析を行う専従部門の設置などが前提となる課題だと考えられる。

3 支援過程での取りこぼしが生じた際の対応力の強化

リミット・マネジメントにおけるリミット・ルールによる即座な対応力の強化は、何らかの支援過程での取りこぼしが生じた際に、最小限度のダメージで事態の悪化を食い止めるロバストな機能として欠かせない。子どもの安全問題に係るすべての作業にリミット・マネジメントとリミット・ルールの設定を常態化し、些細な兆候についても敏感に反応し、子どもの安全確保と環境・事態の悪化を食い止める体制整備が必要である。

ただしこの取り組みのためには、即座に反射的な対応ができる緊急対応チームの設定と事例情報の一元化、すなわち子どもの安全に関する通告から支援終了までの情報を、連続的な事例情報として常時把握・共有できる情報システムが欠かせないとみられる。

当面の課題としては、クライシスマネジメントから、リスク・アセスメントへの移行期に開始されるリミット・マネジメントとリミット・ルールの設定を、その後のリソース／ニーズマネジメント・アセスメントの過程まで、一般化・習慣化する対応体制のメニュー作りと、それに即応的に対応開始できる緊急対応チームの設置、およびそれを受けられる一時保護機能の充実が重要であると考えられる。

図表 5-5　子ども虐待への対応体制課題

ロバストネス（Robustness）の考え方からみた児童虐待臨床の課題

取りこぼしが生じたことへの気づきと対応
（不確定事態に対する即座の意思決定のシステム化）

⇒どの時点からでも対応開始・検討できる

確率統計的な推計〜検証システム（リミット確認）

複雑系における偶発性・ランダム性のある事象への
継続的な状態管理・運営の課題（即座の緊急対応）

基本作業能力の維持＋境界・限界（リミット）設定
＋確率統計的な分析＋臨機応変の意思決定（アセスメント）

80％程度の一致率をベースに臨機応変の意思決定

⇒即座の緊急対応（クライシス・マネジメント）

5-6
ロバストネスを確保するための
当面の課題

　上で述べてきたように子どもの安全についての確実なロバストネスを実現するためには情報ネットワークの構築と運営が欠かせないのは明らかである。ただ、これはすぐには間に合わない。それまでの間、何をすべきかについてのある程度の見通しを持った対策は意味があると考えられる。以下に４点のリミット・マネジメントに関する留意点を挙げておきたい。

1 未知の状況についての高い感度と状況探索

　子どもの安全についてのリミット・マネジメントの重要な留意点は、子どもの養育者の異動・変動と行動変化である。相談途上の事例で、未知の養育関係者の登場はすべての状況評価、マネジメントとアセスメントを見直す必要性を示す。高い感度を要するのは、不穏兆候だけでなく、それまでの生活・行動において確認されたことのない未知の事態についての高い感度が必要である。

　子どもの日常的な養育において何か未知の状況を経験した者は、その内容にかかわらず、直ちにネットワーク全体に警告を発し、未知の状況の背後に、養育者の異動・変動、生活変化が生じていないか探索・確認する必要がある。

　この要件は既に虐待死事件や心中事件における兆候としても確認されていることであり、未知の兆候確認は、不穏情報の把握と並んで極めて重要である。

2 攻撃的な保護者・関係者へのブレない対応

　介入者に対する激しい怒り・反発を示す養育者を、怒りの感情からだけで理解しようとするのはしばしば的外れである。激しい怒りは多くの場合、怯えと当惑、自分を変えることへの抵抗から生じる。主導権を相手に奪われること、傷つきやすいプライド・恥となる弱さを見破られること、ひ弱な依存性・脆弱性を突かれることをおそれる者が、最も激しい攻撃者となる。

　攻撃は、養育をめぐる自分の態度・価値観を変えずに済ます

こと、支援者が介入してきて、変化を迫られることを阻止する防壁となる。

　また現時点での家庭状況や子どもの状態を相手に知られたくないための支援者の追い返し、はぐらかし、隠蔽のためにもしばしば激しい怒りの表明や攻撃行動が用いられる。

　課題の主軸は当事者の怯えの扱いであるが、同時に激しい攻撃にさらされる支援者側のストレスへの対処能力の育成も重要である。

　ブレない対応、穏やかだが断固として、相手の主張に動じない対応、時には立ち入り調査のような権限行使も必要であるが、それは攻撃してくる相手を論破したり、力で相手を打ち負かす、制圧することを目的とするのでなく、あくまで子どもの安全を確実に確認し、必要な安全確保を行うという冷静・沈着な対応目的の焦点をブレさせないで行う対応とすることが重要となる。

3 表面的な対応・ごまかしに対するスキの無い対応

　現状を変えないでやり過ごそうとするもう一つの戦略は表面的な偽りの同意・ごまかしである。支援者の介入に一見、素直に応じること、指摘された課題について穏当に同意すること、時には支援に対する積極的な協力や感謝を示しながら、微妙に焦点をすり替えることにより、変える気のない現状を支援者から隠すことが、この対応のポイントである。

　深刻な事態においても、的を外した新たな相談を持ちだすとか、対面を避けるために間接的な通信手段によって予定を変え

図表 5-6　虐待死事例検証から得られた経験値群

過去の深刻な事例とよく似た事例に遭遇したら注意

1．養育環境の変化　養育関係者の異動　行動変化
　　養育者の異動は特に注意（兆候の発見が課題）
　　養育関係者の心身・就労・経済状態の変化

2．あからさまな敵対状態のエスカレート　挑発
　　主導権争い パワーゲーム 殺意の表明（ブレない
　　攻撃的な対応へのストレス対応が課題　対応課題）

3．表向きは協力的：本質的な問題から逸らす受動
　　的抵抗 言葉だけの・対応 唐突な相談（スキの無さ）
　　心配の本質を見落とさない体制の構築・維持

4．1～3に加えて関係遮断・閉鎖　途絶（即座対応）
　　キャンセルへのスピードある安全確認の実施
　　子どもについての即座で反射的な安全確認対応

るなど、直接的な介入を必要とするような場合もあり、支援者側にスキの無い、優先順位をずらさない手順の用意が必要となる。これらはリミット・マネジメントにおけるリミット・ルールで管理する必要がある。

4 予定のキャンセルと子どもの目視現認の遮断

　これまでの死亡事例検証や様々な事例検討の場で、面接や訪問予定の直前キャンセルは、面会や訪問のすっぽかしと同等のリスクがあること、さらに、子どもの継続的な現認の停止、困難は重大なリスクの兆候であることが繰り返し指摘されてきた。

　実際的に、そうした出来事がどの程度の確率で深刻な問題を

示してきたのかについての客観的なデータは今のところ存在しない。深刻な事例の振り返りとして、あとづけの分析で指摘されてきただけであるが、少なくとも、子どもの定点観測による安全確認が一時的にしろ、停止されることは重大なリスクであることを、保護者・養育者との良好な関係維持以上に重視すべきである。

　子どもの安全問題に関して、最悪事態の想定要件からも、当事者参画による支援枠組みの構築要件からも、何らかのキャンセルが生じた場合には、反射的な子どもの目視現認が即座に行われる必要がある。子どもの目視現認による安全確認の継続は絶対的な前提条件であることを、すべての関係者が承知し、確認していることが重要となる。

第**6**章

デジタルテクノロジーの導入と活用

児童家庭福祉行政サービスにおいて、デジタルテクノロジーの導入がもたらすであろうメリットは大きい。特に子どもの安全問題への行政サービスの取り組みに関しては、三つの期待できる領域がある。

6-1
省力化とその課題

　一つめは、支援機関の事務的作業の大幅な省力化である。中核的なサーバーと充分なセキュリティを施した通信網、移動可能な端末機器の配布があれば、その通信機能を活用して移動先からの情報入力と多数の関係者との即時情報共有が可能となる。子どもの傷・あざ等の画像も、その際の聴取情報も即座にチームで共有できる。児童記録の定型文書や受理の手続きがオンラインで可能となれば、いちいち事務所に戻ってからデータ入力する必要はなくなる。さらにそれらの文書作成に生成AIによる文書作成機能を組み込めば、長い電話の応対や、主要な事項がバラバラに散在する情報交換会議などは、音声からの文字化と要約機能により、素材となる要約文書の半自動作成が可能となる。

　こうした環境では、関係機関の間での情報の共有や、相互の情報のフィードバック、広域の相互の情報検索と確認が可能となるだろう。さらに作業記録の半自動的な蓄積ができれば、事務的に単純な

統計・集計報告作業の簡略化も可能となる。

　事務的業務負担の大幅な軽減は、統一的な情報の即時共有と相まって、直接の対人支援活動のスピードアップと支援密度を上げることに直結するものであり、現場の相談対応の基礎体力を大いに強化できることが期待される。

　ただし、こうした情報のデータ化による体制整備には様々な実務的な課題がある。

　最近の検討作業としては2023年に「要保護児童等に関する情報共有システムの効果的な活用方法及びその他のシステムとの効果的な連携のための調査研究」が行われているが、小規模な試験的導入では一定の効果が認められたものの、広域な情報共有には様々な課題があり、容易でないことも明らかとなっている。

　国は乳幼児健診のベビーデータから学校保健情報までを連続的につなぐことにより、出生からの子どもの全数把握を想定した子どもと家族のデータベース化の構想をこども家庭庁の創設時に提示していたが、自治体ごとに構築されてきた様々な既存の情報システムが、そのままでは容易につながることにはならない実態も明らかとなっている。

　構想された効果的なデータベース構築には単純に考えても概ね以下の作業課題がシステム構築の初期段階の課題である。

1　既存の情報項目の統一と既存データの修正
2　統一情報のデータ化とその収集・蓄積

3 汎用的な対応が可能なデータ・システムの構築と運用

1のためには、まず各自治体が現時点で運用している情報項目の整理・統一と照合が必要である。ある子どもの頭部受傷に関する通告があったとして、それをどう数えるかといったことがある。例えば以下のような場合、それをどう数えてきたかである。

❶X年2月10日朝、TM君10歳の頭部外傷について学校からの通告を児童相談所が受理

❷その15分後におそらくTM君とみられる子について通行人からの目撃通告を民生委員を通じて市役所が通告受理

❸ほぼ同時間にTM君の近隣住民から昨晩と今朝の怒鳴り声と子どもの泣き声についての通告を児童相談所が受理

❶の通告対応を開始した児童相談所は市役所の住基でTM君の家の家族を確認。TM君には2人の年少のきょうだいがいることが分かった。それぞれ保育所と幼稚園に在籍、本日、保育所の弟は登園しているが幼稚園の妹は登園していないことが確認された。

❶の通告に基づいて児童相談所が安全確認に出動しようとしていた時、❷の通告を受けた市役所から児童相談所に緊急送致の連絡あり、民生委員が児童相談所に来所。状況を説明。おそらくTM君のことと思われる頭にケガをしている子を見たという通行人からの情報であることが分かるが、その子どもがTM君である確証は得られず。児童相談所からTM君の小学校以外の近隣の小学校に頭

にケガをしながら登校した子が居ないかの問い合わせを行う。

❶の通告対応として児童相談所は学校において目視現認を実施、TM君のケガは医療機関受診を要すると判断され一時保護と共に医療機関受診となる。同時に保育園にいる弟の安全確認も実施。TM君のケガの深刻さから弟もいったん同時保護が検討されるが、一時保護所の空き状況から保留となり、職員待機となる。

❸の通告について近隣住民の説明を児童相談所が確認したところ、泣き声は女児のものであることが判明、TM君からの事情聴取でも妹も叩かれて顔にケガしている可能性が報告される。児童相談所は直ちに警察への援助要請をかけて家庭訪問による妹の安全確認を実施、妹の顔に打撲痕を確認したため、妹を職権保護した。これらの結果、保育所の弟についてもきょうだいが頭部・顔面に受傷するような面前暴力の中に居た危険性が憂慮されることから、同時保護となる。

❷の調査の結果、別の校区の小学校にも頭にケガをした子が登校していることが判明。その子に事情を聴いているが判然としない。暴力によるケガの可能性も否定できないとの状況を確認し、児童相談所は市役所にその子どもの安全確認を依頼。

❷の子どもについて市役所から調査結果の報告。子どもは自宅階段から転げ落ちて頭を打ったと説明している。親に手当てしてもらって登校したようだが、傷からの出血あり、学校から医院に受診、保護者からも事情を聴取しているが、階段から落ちた可能性が高い印象であるが、突き落とされたなどの危険性も否定はできないとのこと。引き続いて調査を行うとの連絡受ける。なお、この家庭は以

前から保護者による体罰とDV問題が市役所に報告されている家庭であるとのこと。子どもはこの子一人であるとのこと。児童相談所職員が子どもの受診している病院に向かい、目視安全確認を実施することになる。

　さて、これをどう数えるのか、全国共通の数え方を確立・維持できるかが、デジタルテクノロジー導入の前提条件である。

　ここで統一的なカウントの仕方が問われる。現時点で日本にはこのような事態についての標準的・統一的なカウントの仕方は確立していない。

　カウントの仕方はデジタルレベルで即座にデータとして打ち込まれ、時系列の即座な情報共有に対応できなければならない。

　最も基本的なことは、延べ数のカウントに始まる全業務状況の即時記録化と、その実務的な作業フローの統一的な明確化、延べ・実人数の確認、問題種別の重複や途中からの修正をそのまま呑み込める情報システムの構築である。

　第一段階として、全通告を同時並行に述べ数で把握し、対応作業を即時に共有できることが必要となる。それぞれに対して児童相談所、市役所が実施する作業が即座に情報として入力され、その全業務実態が時系列に記録化される必要がある。

　第二段階として、通告受理に始まった作業が、対象者の確認、目視現認までの手順として統一的な段階的業務フローに分類され、その結果と対応判断が即時記録化され共有される必要がある。ここまでは延べ数ベースで各対応作業が実施されるわけで、データも延べ

数でカウントされ、記録化される必要がある。通告受理 No. などの自動採番によるシステムが対応することになる。

　第三段階で、延べ数ベースで進行してきた事案の人定情報が統合され、延べ数に対する実人数と人物特定が行われ、情報共有される段階となる。これまでの児童相談所の相談受理としては初回の受理であればここからのスタートになる。ただし TM 君が以前からの相談事例で再開受付の場合、現システムでは通告初期対応時点での延べ数ベースでの対応経過に対処できるシステムが未構築であることが分かる。さらにきょうだいについても既に相談受理事例なのか、単なるきょうだいとしての記載のみで受理されずにきた事例なのかについて、いつの時点で相談受理とするのか、それ以前の調査作業はどこで情報として共有把握するのか現段階では判然としない。

　❷の子どもについて、初期の調査情報を通告受理 No. で記録化していて、やがて後に別件での市役所での相談受理歴があった事例と分かった場合にも、現体制では、いつ、どのように受理することで、この間の作業経過を即時情報共有できるか具体的な方法は確定していない。おそらく同時共有は事例が確定して相談受理されてからになる。❷の事例はこの時点では虐待通告受理はされ、安全確認については市役所と児童相談所の両方から行われたが、児童虐待相談受理ケースとなるかどうかは確定していないので、初期の対応情報とこの事例の元々の記録とはデジタル的には統合できない。初期対応全体がバグとなってしまう危険性が高い。

　つまるところ、単純なカウントの仕方の面からも、業務展開の実態把握、子どもの安全確認経過の即時共有の面からも、延べの業務

の進行過程と実の相談事例の把握の面からも、現在の相談業務体制では対応不能な状況にあることが明らかである。これはデジタル以前の課題である。

2の統一情報のデータ化とその収集・蓄積は、上記1の作業が全国統一の基準化とシステム化を遂げ、それに合わせた作業の統一ができるようになった時点で初めて可能となる。現在までのところ、国のデジタルデータ化の考え方はこの立場になく、単にこれまでのデータシステムの件数を統一的なデジタル記号に変換するだけである。これでは先のような緊急の実態を同時情報把握して情報共有によって進行管理することは不可能である。なぜそのようなことになっているか。現場の実務者による業務のデータ化過程のための実態が把握できておらず、単に行政事務的な観点からの対応しか考えられてこなかったからだとみられる。

また、各自治体のシステムがこの課題に対してバラバラに独自な対応を立ち上げてきた経過もある。最も大きな共通課題は人員配置問題と実行業務量の確定・算定に係る部分で、これは福祉行政報告例のカウントでは全く拾えていない実態がある。例えば担当地域の総面積、出張移動の総時間と移動距離、一時保護事例発生の際の担当者の保護所との往復負担などは自治体ごと、相談所ごとに負担量が全く違っていることも課題であり、現地の人事部局と現場はその状況に応じた業務量評価をしなければならず、国への相談受理件数の報告とは別次元でのカウントを繰り返してきたということがある。

どう見ても先の事案は最低では2件の虐待通告とカウントされる

ところから、最大7件から8件の虐待通告とカウントされるところにまでに、ばらつくとみられる。

　現時点でこれを延べ数ベースの初期対応から実人数確認と対象課題の確認に至る段階まで連続的に展開させるとすると、

・実際の業務の延べ件数ベース段階で通告No.が取られる件数

　　❶で1件

　　❷で1件

　　❸で1件から開始

・家族構成確認の段階

　　❶は3件に

　　❷は1件

　　❸は3件に拡大

・安全確認の段階

　　❶は3件

　　❷は1件だが市役所と児童相談所の2機関が安全確認し、市役所には相談歴があった事例と確認

　　❸は3件、うち1件について警察の援助要請を伴う家庭訪問による安全確認を実施となっている。

・緊急の医療機関受診

　　❶の1件

　　❷の1件

　　❸は検討中

といったことになるだろう。

　実人数と支援対象となる問題内容確認の段階では、子どもの安全

| 208 |

に関する支援ニーズからみると　延べの対応件数7件に対して実人
数は4人、相談受理は4件、虐待としての受理は3件、1件は経過
観察、ただし以前にDVと体罰で虐待受理していた事例ということ
になるだろう。

　統一情報のデータ化とその収集・蓄積とは、上記のデジタル化以
前の対応が整理された段階で初めて実効性・統一性のあるデータと
なる段階を指す。

　当然、毎年度の作業途上で新たな課題の発見はあるだろうし、法
改正や体制整備の変更があれば、それに準じた修正も必要となる。
おそらく経年的・継続的にこの体制を維持管理し、必要な修正を全
国レベルで統一的に加えて行く専従部門が必要となるだろう。

　3の汎用的な対応が可能なデータ・システムの構築と運用につい
ては蓄積された統一データが任意の抽出や分類に対応することが理
論上可能となり、その結果、複雑な検索と再集計による解析を実施
できる可能性が開ける。ただし、データの解析による任意の課題群
の抽出には、それに応じられるデータ構造を用意することと、どの
ような解析をしようとするのか、どのような出力を求めるのかに合
わせたデータの識別性を特定して装備することが必要となる。

　単純化すると、概ね以下のような整理が必要と考えられる。

①標的となる群の識別特性の特定

②試行的な識別フィルターの作成と検証

③識別フィルターによる抽出方法の確定と常時のモニター・検証
　を伴う識別・抽出作業のシステム化

④その抽出の実効性・有効性の検証確認

⑤それらの結果に基づく常時のアップデート体制の構築等

である。

これらの基礎的な体制整備の上で、抽出されたデータの解析作業が安定的に可能となる。

もちろんこれらのデータシステム構築の前に、先に述べたように

a) 業務情報の即時共有の体制とその安全な運用のための体制整備

b) 情報共有のための基本情報の整理と共有化

c) 事務作業の自動処理化による効率・省力化

d) a) ～ c) の地域単位での構築とその広域化 / 安全な運用体制の確立

が課題となる。先述の2023年度の調査ではこの過程についての地方自治体の取り組みが報告されている。

6-2
情報共有の利便性

二つ目のメリットは情報の正確な即時共有である。既に一つ目の項でも述べたが、デジタルデータは文字情報も画像も、通信回線を通じての即時共有ができる。電話で詳しい報告をする前に、対面で状況説明をする前に、複数のメンバーに文書や画像を送って即座に

共有することができる。伝言ゲームのような情報の汚染やゆがみ無しにである。もちろん相手がすぐに気づかないこともあり得るが、互いが心づもりさえしておれば、告知の信号で、あるいは定期的な参照で素早い情報共有が可能となる。

　もちろん、より詳細で具体的な情報は対面での報告が最も優越する。デジタルデータは対面でのコミュニケーションにおけるような非言語の詳細なニュアンスを拾うことはできない。もちろん動画を撮影して共有するところまで行けば、ある程度の非言語のニュアンスも伝えられるかもしれないが、それでも直接の対面によるコミュニケーションには届かない。

　すなわち、デジタルデータは微妙なニュアンスを捉えたり、コミュニケーションとして扱ったりすることには適さないが、言葉として文字にできること、写真として画像にできることについては、相手がどんなに多くても、各メンバーがどんなに離れてバラバラになっていても、即座に情報伝達でき、それを共有記録として双方向に伝達し合えるところにメリットがある。

　子どもの安全問題についての対応に関しては、子どもの具体的な状態についての画像を含む即座な情報共有や、各チームスタッフが、別個に進めている作業過程やそこで知り得た情報を、即時に入力し合うことでチーム全体で共有することができる点が大きいとみられる。

　通告受理直後の安全確認に向かうチームは、所から出動する時点では分かっていなかった家族の情報や関係機関からの情報を、その時点で最大限のところまで知りながら、初動対応に入っていける。

所の方は出動した安全確認チームが行った目視現認の状況や聴取内容につき、即座な画像や報告を受けながら、次の対応協議を進めていける。

　関係機関は、そのうちのどこかが新たに入手した情報を、優先順位も伝達順も無しに即座に全員が知ることができる。

　それを受けての各機関の反応や応答も、端緒に関する部分では同時に複数機関に情報を伝えることができる。

　この情報伝達の速さと共有の広さは、複数機関の連携が重要である子どもの安全問題への行政サービスの提供においては極めて重要な貢献をすることが期待される。

　ただし、それらの情報は直接の面談や電話を通じて取り交わされる人と人のコミュニケーションが持っている多層的な情報交換の深さには及ばず、表面的な情報であることについても留意しておくことが必要である。

6-3
データ分析と人間

　三つ目のメリットは多数の蓄積された統一基準を持つ情報から、様々な行政サービスの提供について根拠ある検証や分析が可能となることが期待されることである。

　ただし、ここで忘れてならないのは、対人援助に関するあらゆる

出来事は、人に始まり、人に終わる体制でなければ信用できないということである。いかに客観的な根拠に見えることも、結局は人が何らかの基準によって入力したことから始まっており、その偏りからは逃れられない。エビデンス・ベイスドにその結果に硬直的に従うことは、人としての偏りを誇張して扱う危険性を常に伴っている。

　これを人としてより効果的に扱い直すには、エビデンス・インフォームド、すなわちデータ解析が示すバイアスチェックの結果もまた、人として再度、見直し参照することによって、初めてこうした技術を人が有効に活用できるようになることを自覚しておくことが重要である。

　重要な判断と決定は、人が人として行わなければならないという原則が必要不可欠である。

　収拾された情報の活用においては、対人援助過程で、個人・地域が所有・保持できる規模を超えた大規模で多様なデータの解析情報を参照することによる対人援助の効率的な充実（情報評価やアセスメントの確実さなど）が期待されるが、ここでAI等の先端技術の活用が課題となる。

　人工知能技術の最近の進歩と汎化はチャットGPTなど、人が手間暇かけて行ってきた作業を瞬時にこなして示してくれる"作業補助者"としての有能さにおいて、目覚ましい進歩を遂げてきたように見える。特に情報検索とその抽出・要約に関しては情報処理の速度において、人をはるかに超えた能力が目を惹くが、それはあくまで収集された情報の効率的な要約であって、人がそれらの作業から導き出す深い洞察に至る過程でみられるような論理階梯の柔軟な構

築は無く、時に偶発的な頻度・強度にとらわれた奇妙な結果を示すこともあり得る。

　機械的な情報処理は人の脳の情報処理システムを模して大幅な進歩を遂げたように見えているが、それはまだ局所的な技術に過ぎず、実は人間はまだ自分の脳の全身における、あるいは内外の環境における全体的な機能を十分には理解できていない。

　人工知能が人間の能力を超える時が議論されているが、おそらく人の脳を人間が理解できている範囲でだけ模している人工知能が真に人を超えるとは考えられず、むしろ、人間の理解が及ばないために起こる機械的暴走が危惧すべき問題だとみられる。

　人工知能は決して完成形で起動することは無い。特定の環境、課題領域において、いわば、赤ん坊から"育つ""育てる"存在なのだということを忘れてはならない。

　特に人における悪意と差別は頻度と強度に混じって流通しやすく、注意が必要となる。2024 年に EU で定められた AI に関する倫理規定はこの点に注目している。

　例えば、子ども虐待のリスク評価を単純に養育者による加害行為の潜在的危険性と定義している場合、その解析は、個人情報をその当人の犯罪的行為の将来予測・予知に適用し、その予測結果を社会的な対処に反映させるということになりかねず、これは上記の EU の倫理規定に抵触する。

　デジタルテクノロジーの対人援助における効用の一つにバイアス／認知の偏向の除去がある。確かに重要な方針決定において、人が

持っている様々な個人的・集団的偏りを、合理・客観性に照らして修正することは極めて重要な課題である。

ただし、人はその対面コミュニケーションにおいて、実に多様な非言語的・無意識的な交流を展開している。どうみても現在のデジタルテクノロジーでその総体を扱うことはできていない。

ある日の面接の事実をネットワークで即時伝達し、何が話し合われたかが報告され、即時に関係機関で情報共有されることは、素晴らしいことだが、それでその面接の全体的なニュアンスが伝わることは無い。微妙なニュアンスはおそらく対面でしか伝わらない。

対人援助サービスにおいては、このズレを常に意識しておくことが重要となる。速度と深さは別ものである。おそらく、デジタルテクノロジーが汎用性を発揮すればするほど、対人援助サービスにおいてはこの点が重要となるだろう。

個人の偏りは修正されるとして、その修正を個人のレベルで再度受け止め、消化・吸収してわが物としなければ、デジタルテクノロジーの持つバイアスチェック機能は真の効果を発揮しない。

極端に言えば、アセスメントに関するデジタルテクノロジーは、人のバイアスから発した判断や評価をチェックし、時に修正を加えたりするが、それを元の当人が理解し、自身のバイアスに吸収し直し、その人の判断と評価過程に戻ることで、初めて対人援助サービスの真に効果的なツールとなる。つまり、人のバイアスから発したものは修正された上で再度、人のバイアスのうちに戻ることで真の効果を発揮するのである。対人援助サービスにおける意思決定は、この認識の下で行われなければならない。

すなわち、人から始まった出来事は、様々な観点からの評価を通じ、特にバイアスに係るような人特有の偏りの可能性については、根拠あるデータ解析による検証を参照しつつ、単純にデータ解析の結果に縛られることなく（エビデンスベイスドからエビデンスインフォームドへ）最終的には人としての納得、腑に落ちる方向性と根拠を見極めた状態に至ったところで、人としての判断・決定を下さなければならない。

　そうした判断・決定は直ちに次の対応評価のための素材としてデータ化され、その経過による検証結果を形成し、さらに次の判断・決定過程における根拠あるデータ解析の素材を形成していくことになるのだが、次の判断・決定に際しては再び、これを何度繰り返しても、人としての判断・決定を下すことを維持していなければならないということである。そのことによってのみ、人はデータ解析の客観性から人にとって、対人援助サービスにとっての有効性を引き出すことに近づけるだろう。

6-4
あるべき姿に向けて

　荒っぽいかもしれないが、これについて一つの将来的な模擬例を示してこの章の終わりとしたい。

　ある緊急通報で家庭訪問による目視現認が行われた。子どもが叩

かれているとの通報であった。父親は子どもをしつけ目的で殴打したことを認めた。子どもを見るとうっすらとほほに打撲痕が認められたが、おそらく皮内出血で皮下出血までには至っていない受傷であるとみられた。子どもは父に言われた風呂掃除をさぼってゲームをしていたのだが、父に正されて風呂掃除をやったと言い募って父に逆らい、叩かれたと説明した。こうしたことがこの１カ月間に複数回発生しており、父は示しがつかないとして遂に叩いたということである。父に子どもの殴打について詳しく尋ねると、平手打ちであり、拳で殴ることはしていないとの説明であった。父の説明は概ね子どもの受傷機転としては一致していると推定された。

　この時点で児童相談所の緊急対応判断班は子どもの傷の状態、子どもと父、母から得られた聴取内容、この家族についての学校や関係機関からの情報、過去の居住場所を含む関係機関からの相談歴等から、確率統計的には46％の確率でいったん一時保護した上での対応の方が、一時保護しないで対応した場合よりも６カ月間の範囲で子どもの安全が向上する可能性があること、ただし、実際には64％の確率で在宅での支援開始が選択可能であり、その結果として１カ月以内に再度緊急の保護を要するまでに事態が悪化する確率は20％以下という解析結果が示されたとする。

　父母は、当然このデータ解析のことを知っており、緊急安全確認班の職員に、データ解析ではどうなってるのか　と尋ねた。緊急安全確認班は、所の判断チームとの確認の結果、私たちとご両親が現時点で得た情報から見れば、46％対64％で一時保護の判断の有効性がデータ上は示されている。46％の一時保護を選択した場合、約

半年間、子どもの安全が向上しているのに対し、64％の在宅での継続しての相談を選んだ場合には1カ月以内に約2割の確率で事態の悪化が危惧されている。もとより、これっきり支援無しの状態を選んだら、子どものリスクは5倍以上に上がる。

　ちなみに我々としては、この事態で極めて深刻な危険が子どもに迫っているという判断には至っていない。ただし頭部・顔面への暴力は子どもの安全については重大な加害行為に属することはよく理解してもらいたい。その上で継続的に子どもの安全としつけについて話し合っていくことができれば一番良いのではないかと考えているが、父、母としてはどう感じているのか？

　46％の確率だが、半年間は子どもの安全が向上する可能性と64％の確率だが2割は悪化してしまうリスクをとる違いは何だと考えているか、2割の悪化リスクを冒さないで済む道は何だと感じるのか聞かせてもらいたいと尋ねた。

　児童相談所は両親が子どものしつけ目的のために、子どもの身体安全のリスクをどの程度ネグレクトしているか、また今回の子どもの受傷について、どのように感じているか、子どもの問題行動でどの程度のストレスを感じているか、児童相談所の介入調査を受けたことでどの程度のストレスを感じているか、今後、信用性のある問題改善のための反応行動がどの程度期待できそうか、実効性のある相談関係がどの程度期待できそうか、評価しようとするだろう。

　この流れの中で、データ解析結果は一つの参照情報としてのツールである。保護者と国・地方公共団体が共同して子どもの安全の保障と健全育成達成の責任をどの程度分かち合えるのかが問われ、そ

の過程における判断が求められている。

　父母の発言、その後の行動経過で子どもはこの日、緊急保護となるかもしれない（例えばこの後、父母がしつけの正当性を主張し、児童相談所や福祉事務所の指導関与を一切拒否した場合などは、強い介入を行うかどうか再評価しなければならなくなるだろう）し、後日保護となる可能性もある。同時に在宅による養育改善のための支援が継続され、事態は好転していくかもしれない。データ解析システムが詳しく事態を判断するところまで成長しておれば、一時保護を決めた時点から、在宅支援を決めた時点から、次の段階での有効となる対応の確率分布を次々に出力するかもしれない。

　ただし、その場その場でそれを一つの参照情報としてみなしながら、子どもや保護者と話し合いつつ対応を決めるのはあくまで人でなければならない。

あとがき

　ここまで私のつたない文を読んでいただき、ありがとうございました。何か使えそう、役に立ちそうなヒントやアイデアは浮かびましたでしょうか？

　個人的には第3章3-10の一連のチャート（マネジメントとアセスメントのフロー構造 概要図）が私の一番大事な経験的メッセージです。カタカナのネーミングは日本語にはなりませんでした。和訳された言葉の使われ方が、時に元の概念を正確に説明していないと感じることが多かったためです。またこの図自体、私が個人的に時間をかけて修正を続けてきたもので、現場ならではの矛盾に満ちた状況を反映しており、アカデミックな観点では説明のつかないことが隠れています。私のこの図の紹介に付き合ってくれた現場の方々は、何年か経ってから、この図の意味がちょっと分かってきた気がすると言ってくれることを何度も経験しました。なので、すぐにピンと来なくてもあきらめないでください（笑）。

　そもそも人の営みは常時更新され、アップデートされて磨かれていくものです。私のつたないメッセージがそのきっかけ、手がかりになることをお祈りして、ご挨拶とさせていただきます。

著者紹介

山本恒雄（やまもと・つねお）

社会福祉法人恩賜財団母子愛育会 愛育研究所客員研修員。性暴力救援センター大阪SACHICO理事、児童虐待防止協会理事、日本子ども虐待防止学会理事、日本子ども家庭福祉学会理事、厚生労働省・警察庁・内閣府・法務省・東京都・神奈川県・その他自治体の委員等を務める。

1975年3月同志社大学文学部文化学科心理学専攻卒／文学士
1975～2008年大阪府児童相談所（子ども家庭センター）に勤務、心理判定員（現 児童心理司）青少年担当児童福祉司健全育成課長、次長兼虐待対応課長として勤務。
2008年大阪府中央子ども家庭センター次長兼虐待対応課長を退職。
2008～2015年日本子ども家庭総合研究所 研究部長として厚生労働省等の調査研究事業に従事、児童相談所・性的虐待対応ガイドライン2011年版の策定等を担当。
2015年日本子ども家庭総合研究所子ども家庭福祉研究部長を退職。
2015年～現職。
おもな著作に『知的障害・発達障害のある子どもの面接ハンドブック——犯罪・虐待被害が疑われる子どもから話を聴く技術』（共監訳、明石書店、2014）、「「子ども虐待対応の手引き」平成25年8月改正について」（日本子ども家庭総合研究所編『子ども虐待対応の手引き』有斐閣、2014、所収）、『性的虐待を受けた子ども・性的問題行動を示す子どもへの支援——児童福祉施設における生活支援と心理・医療的ケア』（分担執筆、明石書店、2012）、『性暴力被害者への支援員の役割——リプロダクトヘルスライツをまもる』（分担執筆、特定非営利活動法人性暴力救援センター・大阪SACHICO編、信山社、2018）他。

子ども虐待・子どもの安全問題ソーシャルワーク

マネジメントとアセスメントの実践ガイド

2024 年 12 月 1 日　初版第 1 刷発行

著　者		山　本　恒　雄
発行者		大　江　道　雅
発行所		株式会社　明石書店

〒101-0021 東京都千代田区外神田 6-9-5
電　話　03 (5818) 1171
ＦＡＸ　03 (5818) 1174
振　替　00100-7-24505
https://www.akashi.co.jp

装幀　　　　　清水肇（prigraphics）
編集／組版　　有限会社 閏月社
印刷／製本　　モリモト印刷印刷株式会社

（定価はカバーに表示してあります）　　　　　　　ISBN978-4-7503-5849-9

JCOPY 〈出版者著作権管理機構　委託出版物〉
本書の無断複製は著作権法上での例外を除き禁じられています。複製される場合は、そのつど事前に、出版者著作権管理機構（電話 03-5244-5088、FAX 03-5244-5089、e-mail: info@jcopy.or.jp）の許諾を得てください。

知的障害・発達障害のある子どもの面接ハンドブック
犯罪・虐待被害が疑われる子どもから話を聴く技術

アン・クリスティン・セーデルボリほか著
仲真紀子、山本恒雄監訳　リンデル佐藤良子訳
◎2000円

性的虐待を受けた子ども・性的問題行動を示す子どもへの支援
児童福祉施設における生活支援と心理・医療的ケア

八木修司、岡本正子編著
◎2600円

援助を求めないクライエントへの支援
虐待・DV・非行に走る人の心を開く

クリス・トロッター著　清水隆則監訳
◎2800円

攻撃的なクライエントへの対応
対人援助職の安全対策ガイド

ポーリン・ビビー著　清水隆則監訳
◎3200円

小児期の逆境的体験と保護的体験
子どもの脳・行動・発達に及ぼす影響とレジリエンス

J・ヘイス＝グルードほか著　菅原ますみほか監訳
◎4200円

小児思春期の子どものメンタルヘルスケア
プライマリーケア医療者向けガイダンス

ジェーン・メシャン・フォイ編
溝口史剛監訳　前橋赤十字病院小児科訳
◎20000円

非行少年に対するトラウマインフォームドケア
修復的司法の理論と実践

ジュダ・オウドショーン著　野坂祐子監訳
◎5800円

ダイレクト・ソーシャルワーク ハンドブック
対人支援の理論と技術

ディーン・H・ヘプワース、ロナルド・H・ルーニーほか著
武田信子監修　山野則子、澁谷昌史、平野直己ほか監訳
◎25000円

日本の児童相談所
子ども家庭支援の現在・過去・未来

川松亮、久保樹里、菅野道英、田﨑みどり、
田中哲、長田淳子、中村みどり、浜田真樹編著
◎2600円

児童相談所改革と協働の道のり
子どもの権利を中心とした福岡市モデル

藤林武史編著
◎2400円

児童相談所 一時保護所の子どもと支援【第2版】
ガイドライン・第三者評価・権利擁護など多様な視点から子どもを守る

和田一郎、鈴木勲編著
◎2800円

子ども虐待 保護から早期支援への転換
児童家庭ソーシャルワーカーの質的向上をめざして

アイリーン・ムンロー著　増沢高監訳　小川紫保子訳
◎2800円

子ども虐待対応における保護者との協働関係の構築
家族と支援者へのインタビューから学ぶ実践モデル

鈴木浩之著
◎4600円

子ども虐待対応におけるサインズ・オブ・セーフティアプローチ実践ガイド
子どもの安全（セーフティ）を家族とつくる道すじ

菱川愛、渡邉直、鈴木浩之編著
◎2800円

子どもの権利 ガイドブック【第3版】
日本弁護士連合会子どもの権利委員会編著
◎4000円

子どもの虐待防止・法的実務マニュアル【第7版】
日本弁護士連合会子どもの権利委員会編
◎3200円

〈価格は本体価格です〉